요한복음 강연:
제4복음서의 역사와 신학, 그리고 내러티브 수사학

해롤드 W. 애트리지 지음

김경민 옮김

요한복음 강연:
제4복음서의 역사와 신학, 그리고 내러티브 수사학

지음   해롤드 W. 애트리지
옮김   김경민
편집   김덕원, 이찬혁, 박진

발행처   감은사
발행인   이영욱
전화   070-8614-2206
팩스   050-7091-2206
주소   서울특별시 강동구 암사동 아리수로 66, 401호
이메일   editor@gameun.co.kr

종이책
초판발행   2023.11.30.
ISBN   9791193155219
정가   16,800원

전자책
초판발행   2023.11.30.
ISBN   9791193155226
정가   12,800원

History, Theology, and Narrative Rhetoric in the Fourth Gospel

The Père Marquette Lecture in Theology 2019

Harold W. Attridge

| 목차 |

서문

2019년도에 열린 페르 마르케트 신학 강연(Père Marquette Lecture in Theology)은 페르 자크 마르케트(Père Jacques Marquette SJ, 1637-75) 신부의 사역과 학문적 탐구를 기념하기 위해 만들어진 시리즈의 50번째 강연으로 치러졌다. 이 기념 강연은 마르케트 대학교 신학부의 후원으로 1969년부터 이어져 왔다. 조셉 A. 오흐터 가족 기부 재단(The Joseph A. Auchter Family Endowment fund)이 강연을 위해 기부했다. 조셉 오흐터(1894-1986)는 밀워키 출신으로 은행과 제지 회사의 경영자였고 오랫동안 교육 진흥을 위해 후원했다. 이 기부 재단은 오흐터의 삶을 기리기 위해 그의 자녀들이 설립했다.

해롤드 W. 애트리지(Harold W. Attridge)

* * *

해롤드 W. 애트리지는 예일대학교 신학대학원의 신학 분야 스털링 교수(Sterling Professor of Divinity)이다.[1] 그는 예일대학교 신학대학원에서 1997년부터 교수로 재임했다. 보스턴 칼리지와 케임브리지대학교, 하버드대학교에서 공부했으며, 헬레니즘 유대교, 사해문서, 나그함마디 문헌, 신약성서 연구에 공헌해 왔다. 그는 이 신학 강연을 통해 제4복음서가 예수의 삶, 죽음 그리고 부활이라는, 고도로 드라마화된 내러티브로서 중요한 개념적 주제들을 어떻게 다루는지 살핀다. 그의 대표적인 저서로는 『히브리서 주석』(*Hebrews: A Commentary on the Epistle to the Hebrews*, Hermeneia, 1989)과 『요한복음 및 히브리서에 대한 에세이』(*Essays on John and Hebrews*, Mohr Siebeck, 2010)가 있다.

---

1.   역주, Sterling Professor는 예일대학교 전체를 통틀어 최대 40명의 현직 교수에게만 부여되는 영광스러운 칭호로, 해당 분야에서 최고의 학문적 업적을 보인 교수에게만 수여된다. 신학 분야의 스털링 교수라는 것은 예일대학교 신학부와 신학대학원을 대표하는 학자라는 뜻이다. 애트리지는 작고한 브레바드 차일즈(Brevard Childs)에 이어, 2002년 신학분야의 역대 두 번째 스털링 교수로 지명됐다.

제1강
문학비평으로의 전환

개인적인 이야기

제4복음서는 내가 아주 어렸을 때부터 나의 신학적 상상력을 형성하는 데 중추적인 역할을 했다. 나는 제2차 바티칸 공의회가 열리기 전의 가톨릭 교회에서 소년기를 보냈다. 당시의 교회에서는 트리엔트 공의회 방식의 미사가 라틴어로 진행됐다. 오래된 전례에 따라, 각 미사가 끝날 때 우리는 요한복음의 서막(Prologue)을 암송했다. 우리는 이를 '마지막 복음서'라고 불렀다. 라틴어 요한복음의 서막이 가진 시적인 운율은 내 기억 속에 깊이 각인되어 있다: *"In principio erat Verbum, et Verbum erat apud Deum, et Deus erat Verbum,*

etc." 살아 있는 말씀, 즉 예수 그리스도와 만나는 일은 내게
언제나 이 복음서의 말씀과 연결되어 있었다.

대학생 시절, 나는 내 고전어 능력을 교회를 위해 사용하
기로 결심했고, 이를 위해 가장 좋은 방법은 성서를 연구하
는 학자가 되는 것이라고 결론 내렸다. 이는 가톨릭 교인으
로서 제2차 바티칸 공의회의 시각을 좀 더 진지하게 받아들
인 결과이기도 했다. 나의 관심사는 자연스럽게 제4복음서
가 됐다. 나는 이 책을 보다 더 깊이 공부하고 싶었다. 그러나
나의 현명한 멘토들은 내 생각과 다른 방향으로 지도하셔서
더 많은 언어들을 배우게끔 했고, 초기 그리스도교의 상황에
대해 공부하게 했으며, 새로 시작된 다른 연구들에 참여하게
하셨다. 그래서 나는 초기 유대인 역사가인 요세푸스에 대해
연구하여 그가 어떻게 헬레니즘 역사 기록학(historiography)을
이용했는지에 관해 박사학위 논문을 썼다.[1] 또한 나는 쿰란
에서 발견된 사해문서와[2] 나그함마디에서 발견된 나그 함마

1.   *The Interpretation of Biblical History in the Antiquitates Judaicae of Flavius Josephus* (Harvard Dissertations in Religion 7; Missoula: Scholars, 1976).

2.   "4Q Prayer of Enoch," with John Strugnell, in Harold Attridge et al., eds., *Qumran Cave 4,* vol. 8, *Parabiblical Texts,* part 1 (Discoveries in the Judean Desert 13, Oxford: Clarendon, 1994), 353-62.

니 문헌의 본문을 편집했다.[3] 그런 후에야 마침내 나는 신약성서를 주석하는 일에 참여할 수 있었고, 히브리서에 대한 주석서를 썼다.[4] 그러나 요한복음에 대한 나의 호기심은 잦아들지 않았다. 그 산문의 분명한 단순성, 풍부한 이미지들, 그리고 때때로, 예수가 모두에게 말하는 것처럼 보이는 당황스러운 방식에 매료되어 나는 지속적으로 이 복음서와 씨름할 수밖에 없었다.

학자로서의 경력이 얼마간 쌓이고 나서야 나는 제4복음서 연구에 내 모든 관심과 노력을 집중할 수 있는 기회를 얻었다. 그런데 지난 수십 년간, 이 분야는 놀라울 정도로 드라마틱하게 변화했다.

변화하는 제4복음서 연구 동향

내가 신진 신약학자로서 활동했던 1970년대 초기에는, 몇몇 '거대담론'이 학계를 지배했다. 거의 모든 신약학자들이 동의했던 주요한 전제가 있다. 초기 그리스도교 문서들은, 이를 하나님의 말씀으로 이해하든 또는 매우 흥미로운

---

3. *Nag Hammadi Codex I (The Jung Codex)* (Nag Hammadi Studies 22, 23, Leiden: Brill, 1985).

4. *Hebrews: A Commentary on the Epistle to the Hebrews* (Hermeneia Commentary Series, Philadelphia: Fortress, 1989).

문화적 유물로 보든, 1세기 지중해 세계의 맥락에서 읽어야
가장 잘 이해할 수 있다는 것이었다. 초기 그리스도교 문서
들이 당시의 맥락에서 나타내고자 했던 메시지를 이해하는
것은, 적어도 그것들이 오늘날의 상황에 무엇을 의미하는지
에 대한 논의에 확고한 기초를 제공할 수 있다. 물론, 1세기
에 기록된 이야기를 20세기로 옮겨오는 과정에는 '해석학'
적 논의가 얼마간 필요하다. 내가 말하고자 하는 것은 초기
그리스도교 텍스트들이 1세기의 상황에서 어떻게 형성되고
전달됐는지 살핌으로써 오늘날의 독자들에게도 의미를 전달
할 수 있다는 것이다.

당시 성서학 전반을 지배했던 대단히 중요한 전제인 '역
사-비평 방식'은 해석자들에게 고대 텍스트들의 **상황**(context)
을 더 진지하게 다루게끔 독려했다. 학자들은 꽤 오랫동안
이러한 작업을 했고, 제4복음서를 이해하기 위한 적절한 상
황이 무엇인지 설명하는 몇몇 경쟁 이론들이 성행했다.

요한복음과 종교들의 역사

고대 종교의 역사라는 관점에 기초한 일군의 가설들은
제4복음서의 독특성을 종교적 역사의 맥락에서 조명하고자
했다. 이 중 아마도 가장 유명한 것은 20세기 초 독일에서 흥

했던 종교사학파의 신약성서 비평이라고 할 수 있을 것이다. 이에 따르면 제4복음서는 일종의 영지주의적 교설을 담은 문서다. 영지주의적 가르침에서는 인간의 실존을 설명하는 우주적 신화의 맥락에서 예수의 삶과 가르침을 해석한다. 이에 따르면 우리 인간은 본래 초월적 세계에서 온 영적인 흔적들인데 물질 세계에서의 삶에서 비롯한 무지, 죄, 그리고 고통 가운데 얽혀 살게 됐다. 여기서 탈출하는 것은 오로지 우리 스스로가 영적인 존재라는 진실한 정체성에 대한 지식을 얻게 될 때에만 가능했다. 그러한 정체성은 우리가 원래 속했던 초월적 세계에 다시 도달하게 될 때 온전히 복원될 것이다. 영지주의의 이 특별한 지식은 한 사람의 계시자이자 구원자이신 분에 의해 인간에게 전해질 수 있었다. 그 구원자는 이 과정에서 또한 자기 스스로를 구원했다.[5]

---

5. 영지주의에 대한 유용한 개론서로는 Birger Pearson, *Ancient Gnosticism: Traditions and Literature* (Minneapolis: Fortress, 2007)과 David Brakke, *The Gnostics: Myth, Ritual, and Diversity in Early Christianity* (Cambridge: Harvard University Press, 2010)를 보라. '영지주의적'이라는 말과 '영지주의'라는 용어는 그 의미하는 바가 지나치게 넓다는 이유로 비판을 받아왔다. 이에 대한 논의로는 Michael A. Williams, *Rethinking 'Gnosticism': An Argument for Dismantling a Dubious Category* (Princeton, NJ: Princeton University Press, 1996), 그리고 Karen L. King, *What is Gnosticism?* (Cambridge, MA: Harvard University Press, 2003)을 보라. 그럼에도 Pearson과 Brakke

제4복음서의 배경에 영지주의가 있다고 주장한 사람들 중에서 아마도 가장 유명한 사람은, 20세기 신약성서 학자들 중 가장 영향력이 컸던 루돌프 불트만일 것이다. 불트만은 그의 권위있는 요한복음 주석서에서[6] 영지주의적 배경을 주장했는데, 이는 당시 새롭게 발견된 고대 문서들에 기초해 있었다. 이러한 발견 중에는 만다이즘(Mandaean)문서도 포함되어 있었다. 만다이즘은 20세기 후반까지 이라크의 남부 습지 지대에서 활동했던 소종파(sect)였으나 이제는 주로 망명자(émigré) 공동체에서 발견된다. 만다이즘 문서는 아람어의 한 형태로 기록됐는데, 기록 시기가 고대 후기부터 초기 근대까지 광범위하다. 서양의 학자들은 19세기 후반에서야 이 문서에 관심을 갖게 됐는데, 불트만 및 그가 속했던 종교사학파의 이전 학자들은 이 만다이즘 문서의 초기 자료들의 연대를 1세기까지도 소급할 수 있다고 여겼다.

오늘날 불트만의 가설을 지지하는 사람은 그리 많지 않

가 주장하는 것과 마찬가지로, 나는 여전히 이 '영지주의'라는 분류가 유용하다고 생각한다.

6.   Rudolf Bultmann, *Das Evangelium des Johannes* (Kritisch-exegetische Kommentar, Göttingen: Vandenhoeck & Ruprecht, 1941), 이 책의 영어 번역서로는 *The Gospel of John*, trans. G. R. Beasley-Murray (with the 1966 supplement, Philadelphia: Westminster; Oxford: Blackwell, 1971)가 있다.

다. 그러나 이 이론이 가진 많은 문제점에도 불구하고, 영지
주의 가설은 요한복음의 배경을 설명하는 꽤 인상적인 힘을
보여주었다. 이 가설의 많은 요소들은 이제 한물갔지만, 몇
몇 통찰은 여전히 유용하다. 가령, 불트만은 요한복음이 계
시적인 문서라고 주장했다. 이는 예수의 메시지를 어떤 근원
적 진리를 드러내는 것으로서 해석하는 것이다. 어떤 면에서
불트만은 옳았지만, 이 이야기를 지금 하기에는 너무 앞서
나가는 것이다.

제4복음서가 '영지주의적' 모체에서 출현했다는 가설은
최근 반세기의 학문 발전 과정에서 지지를 받지 못했다. 그
중 가장 중요한 것은 이집트 상부 지역, 나그 함마디에서의
발견이다. 나그 함마디에서 콥트어로 된 사본들의 모음이 발
견됐는데, 이 사본들은 영지주의로 알려진 복잡한 현상에 관
해 새롭고 중요한 자료를 제공했다.[7] 나그 함마디 문서들은
불트만이나 종교사학파가 재구성했던 영지주의 현상에 대
한 가설을 지지해 주지 않았다. 또한 나그 함마디 문서들을
연구할수록, 20세기 초반에 지나치게 단순히 일반화됐던 영
지주의라는 개념이 점차 의문시됐다. 만약 제4복음서가 종

---

7. James M. Robinson, *The Nag Hammadi Library in English* (San Francisco: Harper, 1977).

교-역사적 맥락에서 이해되어야 한다면, 영지주의는 이제 그 후보가 되기는 어려워 보인다. 나그 함마디 문서들이 전해주는 것은 2세기의 제4복음서 독자들에 대한 정보이며, 따라서 우리는 이 문서들을 통해 그중 적어도 한 사람의 독자에게만 돌아갈 수 있다.

제4복음서를 이해하기 위해, 종교-역사적 모델에서 제시됐던 다른 두 개의 주요한 예시들을 살펴보는 것은 가치 있는 일이다. 그중 하나는, 부분적으로는 불트만의 이론을 교정하기 위해 제시된 것인데, 19세기 학자들의 연구를 충분히 반영하여 복음서에 함축된 신학적 아이디어를 조명했다. 이는 영국 학자였던 C. H. 도드가 쓴 『제4복음서 이해』(*Interpretation of the Fourth Gospel*)라는 책이다.[8] 도드는 동방의 종교적이고 신화적인 전통을 살피기보다는 헬레니즘 종교의 지혜를 연구했다. 보다 구체적으로 말하면, 대중철학 즉 플라톤철학과 스토아철학이 이집트 종교 전통의 요소들과 결합된 혼합

---

8.   C. H. Dodd, *The Interpretation of the Fourth Gospel* (Cambridge: Cambridge University Press, 1953, 1968). 요한문헌 연구에 있어서 Dodd의 영향력은 오늘날까지도 지속되고 있다. 이에 관해서는 Tom Thatcher and Catrin H. Williams, eds., *Engaging with C. H. Dodd on the Gospel of John* (Cambridge: Cambridge University Press, 2013)을 보라.

주의적 문서인 헤르메스주의 문헌(*Corpus Hermeticum*)에 대해 연구했다.[9] 약 2세기부터 4세기에 걸쳐서 그리스어로 쓰인 이 헤르메스주의 문헌은 제4복음서의 요소들과 아주 유사한, 아주 흥미로운 병행 본문을 제공해 주었다. 예를 들어, 헤르메스주의 문헌 제13권은 '거듭남'에 대한 논문인데, 이는 요한복음 3장에서 예수가 니고데모에게 말했던 거듭남에 대한 놀라운 주장과 아주 유사하다.

　　제4복음서를 종교-역사적 기반에서 읽는 가설들 중 훨씬 더 영향력이 컸던 것은, 요한복음이 묵시문학적인 기호(flavor)를 가진 소종파 유대교에서 출현했다는 주장이었다. 사해 부근에 있는 쿰란 지역의 동굴에서 고대의 사본들이 발견되면서 이러한 재구성에 더욱 힘이 실렸다. 특히 많은 학자들에게 놀라웠던 점은, 요한복음과 사해문서가 분명한 이원론을 공유하고 있다는 점이다. 이는 쿰란에서 발견된 주요한 두루마리인 『공동체 규칙서』(*Community Rule*; *The Serek Ha-Yad*; 한님성서연구소 역간, 2022)와 『전쟁 두루마리』(*War Scroll*)에서 두드러진다. 두 문서 모두 빛과 어둠, 진리와 거짓의 대조를 말

9.　Brian P. Copenhaver, *Hermetica: the Greek Corpus Hermeticum and the Latin Asclepius in a new English translation, with notes and introduction* (Cambridge: Cambridge University Press, 1992).

한다. 두 문서 모두 이 세계가 예언서들에 나타난 신적 명령
에 의해서 분명히 지배되고 있다는 강력한 신념을 가지고 있
으며, 믿는 자들의 공동체를 매우 엄격한 조건으로 규정하고
있다. 또한, 사해문서 중에서 특히 『안식일 희생제사 노래』
(*Songs of the Sabbath Sacrifice*)는 신비주의적인 유대교의 한 형태
에 대한 증거를 제공했다.[10] 이 문서는 천상의 실재에 대한 접
근을 약속하고 있다. 이 실재 안에서 종교적 환영들은 변모
하며, 신자들은 마치 천사들과 마찬가지로 천상에서 열리는
하나님 예배에 참여한다.

   사해문서는 제4복음서의 특징들, 특히 선명한 이원론과
신적 통치권에 대한 강조 면에서 유사한 흥미로운 병행 본문
을 상당수 제공했다. 그러나 요한복음을 어떤 특정한 배경하
에서 이해하려는 시도는 이 복음서의 나머지 많은 부분을 충
분히 설명하지 못했다. 모든 병행 본문들을 살펴보더라도,
사해문서는 아주 충격적인 주장을 하며, 기적을 행하고, 수
치스러운 죽음을 겪고, 죽음 후에 추종자들로부터 새롭게 경
험되는 한 인물에 대해서는 아무런 언급을 하지 않았다.[11] 이

---

10.   이 중요한 문서에 대해서는, Carol Newsom, *Songs of the Sabbath Sac-*
      rifice: A Critical Edition (Atlanta, GA: Scholars Press, 1985)을 보라.

11.   요한복음과 사해문서의 관계에 대한 개괄적 이해를 위해서는, Mary
      Coloe and Tom Thatcher, eds., *John, Qumran, and the Dead Sea*

원론적 대립이나 하나님의 결정론적 뜻/의지 등 사해문서와 요한복음이 겹쳐지는 부분에서 요한복음은 자신만의 길을 갔고, 어떤 부분에서는 이원론을 극복하거나 인간의 자유의지에도 일정한 공간을 허락해 주었다.

이제까지 우리가 짧게 살펴본 것은 요한복음의 배경을 살핌으로써 이를 이해하고자 했던 역사비평의 한 형태다. 이러한 '거대 담론'을 추구했던, 지난 세기의 축적된 연구들은 여전히 영속하는 유산을 남겼다. 영지주의 문헌의 특징들과 헬레니즘의 대중 종교적 특징들 그리고 소종파적 유대교 문헌의 특징들은 모두 제4복음서를 이해하는 데 도움이 되는 유사한 사항이다. 그러나 요한복음을 이러한 종교적 본문들과 읽으려는 시도는 미진한 부분들을 너무도 많이 남겼고, 요한복음이 이야기하는 주요 내용들을 너무도 많이 놓쳤다.

Scrolls: Sixty Years of Discovery and Debate (Early Judaism and Its Literature 32, Atlanta: Society of Biblical Literature, 2011; Leiden: Brill, 2011)를 보라. 몇몇 중요한 문제에 대해서는 Harold W. Attridge, "The Gospel of John and the Dead Sea Scrolls, in Ruth A. Clements and Daniel R. Schwartz, *Text, Thought, and Practice in Qumran and Early Christianity* (Studies on the Texts of the Desert of Judah 84, Leiden: Brill, 2009), 109-26을 보라.

요한복음을 사회학적 관점에서 읽기

요한복음을 종교-역사적 조건에 위치시키려는 것은 역사-비평적 접근의 한 주요한 형태이지만, 복음서에 대한 배경적 접근에서의 유일한 대답은 아니다. 최근 반세기 동안 학계에 지속적인 영향을 주었던 또 다른 주요한 접근 방식은 요한복음의 **사회적** 맥락을 제공하기 위해 사회과학의 통찰력과 도구들을 사용하는 것이다. 이러한 시도는 두 개의 주요한 형태로 나뉘어진다. 하나는 사회사(social history)에 기틀을 두고 있고, 다른 하나는 현대 사회과학자들이 사용하는 몇몇 이론 모델에 초점이 맞추어져 있다. 웨인 A. 믹스와[12] J. 루이스 마틴의[13] 연구에서 예증된 첫 번째 접근의 경우, 복음서의 배후에 있는 공동체를 재구성하는 일에 집중한다. 이 공동체는 사해문서의 상황과 얼마간 유사하다. 이 두 학자의 연구에서 두드러지는 바는, 복음서의 '소종파적' 성격이다. 이들의 연구는 막스 베버(Max Weber)의 '소종파'와 '교회'에

---

12. Wayne A. Meeks, "The Man from Heaven in Johannine Sectarianism," *Journal of Biblical Literature 91* (1972) 44-72, reprinted in John Ashton, ed., *Interpretations of the Fourth Gospel* (London/Philadelphia: SPCK/Fortress, 1986), 141-73.

13. J. Louis Martyn, *History and Theology in the Fourth Gospel* (rev. ed., Nashville: Abingdon, 1979) [=『요한복음의 역사와 신학』, CLC, 2020].

대한 정의를 계승했다. 그들의 연구는, 하나의 신자 공동체를 더 큰 규모의 전체 공동체와 대립되는 것으로서 이해하려는 시도다. 이는 부분적으로 소종파 공동체가 예수에 대해 과장된 주장을 했다고 이해함으로써 가능한 일이다.

루이스 마틴은 아마도 이러한 접근 방식의 지지자로 가장 유명한 학자일 것이다. 그리고 이러한 견해는 마틴의 동료이자 뉴욕 유니온 신학교의 가톨릭 성서 학자였던 레이몬드 E. 브라운에 의해 더욱 발전됐다.[14] 요한복음을 사회사에 대한 증언으로 접근하면서, 마틴은 본문의 층위 뒤편의 이야기를 살피고 이를 통해 자기 이야기를 구성한 사람들의 경험을 드러내고자 한다. 마틴에 따르면, 요한복음은 두 개의 이야기를 전하고 있다. 하나는 갈릴래아에서 활동했던 예언자에 대한 이야기다. 물론 그는 한 사람의 예언자라고 평하기에는 너무도 위대한 인물이었지만 말이다. 복음서가 전하는 다른 이야기는 예수 추종자들의 역사다. 후자의 이야기는 예수의 삶에 대한 설명에 스며들어 있다. 복음서의 본문은 일종의 팔림프세스트(palimpsest; 흔적 위에 덧쓰기—역주)로서, 적어

---

14. Raymond E. Brown, *Community of the Beloved Disciple* (New York: Paulist, 1979) [=『요한 교회의 신앙과 역사』, 한국장로교출판사, 2010].

도 두 개의 중요한 층이 명확하게 발견된다. 요한이 '회당으로부터의 축출'(요 9:22; 12:42; 16:2)을 수차례에 걸쳐 언급한다는 점이 주요한 증거가 된다. 마틴은 회당 축출 사건은 예수가 사역했던 당시에는 발생하지 않았을 것이라고 주장한다. 그는 아마도 예수의 죽음으로부터 한 세대 혹은 두 세대 이후의 제자들이 겪은 경험에서 축출 사건에 대한 보도가 부분적으로 비롯됐을 것이라고 본다. 이와 유사하게 발견되는 시대착오적인 기록은 요한복음 4장에 우물가의 사마리아 여인 이야기로 제시된 사마리아인들과의 만남이다. 예수가 그의 생전 사역 동안 사마리아 지역을 방문하기 꺼렸으며(마 10:5), 예수의 죽음 이후에야 해당 지역에 예수 운동의 지지자들이 생겼다는, 공관복음과 사도행전의 증언들은 그 기사를 시대착오적이라 평가하는 근거가 됐다. 마틴은 요한복음의 본문을 팔림프세스트로 이해할 뿐만 아니라, 심지어 확신을 갖고 '회당으로부터의 축출'이 발생한 시점을 역사 속에 특정한다. 그에 따르면, 이 시점은 소위 얌니아(Jamnia) 또는 히브리어로 말해, 야브네 공의회(Council of Yavneh)가 발생한 시점이다. 이는 전통적으로 기원후 90년 정도로 추정된다. 마틴은 아마도 그 당시 "비르카트 하-미님"(*Birkhat Ha-Minim*)이라는 유대교 기도문의 '축복'(ברכת)은 실제로는 이단자들에 대한

저주이고, '미님'(Minim, "이단자")은 아미다(Amidah) 또는 18개
의 축복으로 알려진 매일의 유대교 기도문에 나중에 추가됐
다고 주장한다.

마틴의 읽기 방식은 요한복음의 많은 부분을 주변 유대
인들에 포위되어 점차 불편함을 느꼈던 예수 추종자들의 한
작은 그룹과 동시대 유대인들 간의 상호작용으로 설명해 낸
다. 요한복음은 예수의 놀라운 상태에 대해 그들 나름의 주
장을 표현하고, 동시에 다른 유대인들의 예수의 상태에 대한
공격 및 이에 대한 대답을 암시한다. 유대인의 공격에 대한
예수 추종자들의 거부는 오로지 강화되고 깊어졌을 뿐이다.
그들은 이 거부라는 사실을 신적인 예정이나 '유대인' 타자
들의 사악한 속임수에 탓을 돌림으로써 설명하고자 했다.

요한복음에 대한 이 사회-역사적 맥락 짓기는 광범위한
동의를 얻었다. 비록 이 가설의 일부 요소, 예를 들어 "비르
카트 하-미님"의 역할에 대한 재구성은 심각한 비판의 대상
이 됐지만 말이다. 요한복음은 확실히 예수의 죽음과 부활
이후에 발생한 사건들에 대해 암시하는 것 같다. 분명 요한
복음에는 시대착오적인 이야기들이 있다. 그러나 요한복음
이 단지 예수의 추종자들의 역사를 보여주는 역사적 알레고
리에 불과한가? 비록 마틴은 그렇게까지는 대담하게 주장하

지 않았고, 포괄적인 이야기만 했을 뿐이지만, 이것은 그의 접근이 내포하고 있는 가능한 함의이며, 많은 요한복음의 독자들을 불편하게 만드는 것이기도 하다.

사회과학적 측면에서 요한복음의 맥락을 읽어내려는 다른 형태의 시도는 텍스트 읽기에 사회학 연구의 분석적 분류 체계를 사용한 학자들에게서 나타났다. 이러한 연구들은 대개 마틴의 소종파적 역사 연구보다는 역사적 정보의 측면에서 덜 구체적이다. 대신에, 제롬 H. 네이레이나[15] 브루스 말리나[16] 같은 학자들의 연구는 지중해 세계에서 당연시됐던 명예와 수치라는 가치 체계와, 고대 지중해 세계 전반의 개인 간 그리고 사회적 공동체 간의 상호작용을 지배했던 후견인-피후견인 관계를 집중적으로 조명한다.

복음서를 1세기의 맥락에 위치시키려는 다른 모든 시도들과 마찬가지로, 이러한 접근 역시 새로운 통찰력을 제공했다. 당시 만연했던 명예와 수치라는 가치 체계의 존재는 분

---

15. Jerome Neyrey, *An Ideology of Revolt: John's Christology in Social-Science Perspective* (Philadelphia: Fortress, 1988), 그리고 동일 저자의 책, *The Gospel of John in Cultural and Rhetorical Perspective* (Grand Rapids: Eerdmans, 2009).

16. Bruce Marlina, "The Gospel of John in Sociolinguistic Perspective," in H. Waetjen, ed., *48th Colloquy of the Center for Hermeneutical Studies* (Berkeley: Center for Hermeneutical Studies, 1985).

명 요한복음이 어떻게 예수의 십자가형을 '영광'으로 그려내
는지 이해하는 데 도움을 준다. 갈릴리의 예언자-왕이 로마
십자가의 나무 위에 올려진 것(exaltation)은 명예와 수치라는
가치 체계에 위배되며 근본적 차원에서 이의를 제기한다.

이 장에서 언급한 예시들은 우리가 이미 알고 있는, 제4
복음서에 대한 역사-비평 패러다임이 아주 다양한 방식으로
발전했다는 점을 깨닫게 해 주는 데 충분할 것이다. 유럽의
계몽주의로부터 심어진 이 나무는 많고 두꺼운 가지들로 발
전했고, 각각의 가지들은 이 복음서의 본문을 이해하는 데
새로운 통찰력을 제공했다. 각각의 가지는 얼마간의 성과를
거두었지만, 다른 한편으로 요한복음에 대해 놓친 부분도 있
었다. 이러한 한계는 우리에게도 마찬가지인데, 당신이 어떤
입장을 취하든 거기에는 장점과 단점이 공존할 수밖에 없다.

요한복음에 대한 문학적 분석

또 다른 입장은 최근에 많은 주목을 받았다. 앞서 설명한
역사-비평 입장은 모든 텍스트에는 적절하고 이해를 돕는 콘
텍스트가 있음을 전제한다. 반면, 이 새로운 모델은 텍스트
가 그 자체로서 중요한 관심을 요구하는 특징을 가지고 있다
는 전제로부터 출발한다. 복음서는 역사-종교적 발전의 증거

이기 이전에, 어떤 특정 공동체의 사회사를 보여주는 증거의 다발이기 이전에, 어떤 고대의 문화 가치들을 보여주는 창문이기 이전에, 복음서는 무엇보다도 먼저 그리고 가장 중요하게도, 문학작품이다. 따라서 요한복음을 해석하기를 원하는 사람들은 이를 문학작품으로서 대해야 하는 것이 마땅하다.

혹자는 이미 기존의 성서 학계가 복음서의 문학적 가치에 관심을 기울여 왔다고 말할 수도 있을 것이다. 기존의 학자들이 복음서 본문의 형식적 특징을 이미 설명해 왔다며 말이다. 맞는 말이다. 예를 들어, '양식 비평가'로서 높은 명성을 가지고 있었던 불트만의[17] 경우 복음서의 양식에 관심을 기울였다. 그러나 불트만의 분석은, 다른 20세기의 비평가들과 마찬가지로, 복음서의 문학적 역동성보다는 그것의 역사적 발전 과정에 더 집중됐다. 본문의 내러티브나 긴장의 흐름에 매료됐던 불트만은 일종의 구성 이론을 만들어 복음서가 기적 이야기들, 즉 '표징들의 자료'(Signs Source)의 모음으로 시작됐으며 계시자(Revealer)와 관련된 이야기들을 수집,

---

17. 양식비평의 방법론에 대해서는 Edgar V. McKnight, *What Is Form Criticism?* (Philadelphia: Fortress, 1969)을 보라. 양식비평을 사용한 Bultmann의 주요 저작은 *The History of the Synoptic Tradition*, trans. John Marsh (New York: Harper & Row, 1963, 1968) [= 『공관복음서 전승사』, 대한기독교서회, 1970]이다.

추가함으로써 확대됐다고 주장했다.[18] 요한복음의 기적 이야
기는 신적인 인물인 예수의 능력을 찬양한다. 기적 담화들은
그의 메시지를 규정하는데, 불트만의 해석에 따르면 이것은
단순하게 말해 계시자가 계시자였다(the Revealer was the Revea-
ler)는 것이다. 결국, 이는 초기 그리스도교가 발흥하던 세계
에서 "교회의 편집자"가 주류 그리스도교 독자들에게 친숙
한 몇 가지 내용을 첨가하여 원저자 요한의 것으로 보기에는
다소 특이한 복음서를 만들어냈다는 것이다. 편집자가 첨가
한 것으로 추정되는 것 중에는 요한복음 6:51-58에 등장하는
빵과 생명 담화의 결론부가 있는데, 이를 통해 편집자는 성
찬 예식(sacramental practice)에 대해 언급하는 것처럼 보인다.
또한 요한복음 5:24-25의 미래적 종말론에 대한 짧은 언급
또한 편집자의 첨가로 보인다. 불트만은 또한 편집 과정에서

---

18. Bultmann의 분석은 그의 주석서인 *The Gospel of John*에서 찾아볼 수
    있다. '표징들의 자료'에 관해 더 깊은 논의를 원한다면 Robert For-
    tna, *The Fourth Gospel and Its Predecessor: From Narrative Source to
    Present Gospel* (Studies in the New Testament and its World, Edin-
    burgh: T&T Clark; Philadelphia: Fortress, 1989)을 보라. Bultmann
    의 양식비평은 중대한 비판적 답변을 자아냈다. 이에 관해서는 G. Van
    Belle, *The Signs Source in the Fourth Gospel: Historical Survey and
    Critical Evaluation of the Semeia Hypothesis* (Bibliotheca
    Ephemeridum Theologicarum Lovaniensium 116, Leuven: Peeters,
    1994)를 보라.

복음서 본문의 순서 중 많은 부분이 변경됐다고 주장했다. 그는 본문의 본래 위치는 지금과 다르다며 본문의 순서를 나름대로 복원했다. 예를 들어, 불트만의 재구성에서 예수의 마지막 기도는 최후의 만찬 담화의 끝에 위치한 요한복음 17장이 아니라 이 담화를 시작하는 부분인 13장 이전에 위치한다.

본문의 문학적 역사를 재구성하려는 불트만의 시도 위에 다양한 이론들이 덧세워졌다. 일부 학자들은 초기 자료들이 있다고 주장했고, 어떤 이들은 한 명의 저자 혹은 학파가 이전의 구성을 스스로 수정한 것이라고 주장했다. 이러한 이론들은 단지 과거의 유물만은 아니다. 오늘날에도 중요한 몇몇 학자들이 이러한 견지에서 연구를 발전시키고 있다. 예를 들어, 최근에는 미국 학자인 어반 C. 폰 발데가 요한복음이 3단계에 걸쳐 발전했을 것이라고 추정했다.[19]

이러한 일종의 문학적 고고학은 당연하게도 요한 공동체의 사회사를 재구성하는 데 유용할 수 있으며, 여기에는 특정한 문학적 양식에 대한 관심도 포함되어 있다. 불트만은

---

19. Urban C. Von Wahlde, *The Earliest Version of John's Gospel: Recovering the Gospel of Signs* (Wilmington: Glazier, 1989), 그리고 동일한 저자의 책, *The Gospel and Letters of John* (Eerdmans Critical Commentary; 3 vols.; Grand Rapids: Eerdmans, 2010)이 있다.

초기 그리스도교 구전 전승에서 전파된 다른 복음서들의 "양식"에 관심이 있었기에, 요한복음을 연구하면서 기적 이야기와 계시자 담화를 분리하여 파악했다. 그러나 본문의 이러한 양식을 파악하는 것은 몇몇 나무를 살피는 데에는 도움이 될 수 있지만, 복음서의 문학적 양식과 구조를 전체적으로 파악하는 '숲'은 무시하는 경향이 있다.

요한복음의 문학적 역사를 추적하려는 시도는 복음서 본문을 (특정 사회·역사적 정황에) 위치시키려는 다른 시도와 마찬가지로, 요한복음의 내러티브를 이해하는 것에 얼마간 기여했다. 이 복음서 본문이 시간에 걸쳐 발전했다는 점은 부인할 수 없는 사실이며, 이를 무시하는 것은 우매한 일일 것이다. 가령, 요한복음 8장의 '간음한 여인의 이야기'는 사본상의 증거로 보나 교부들의 증언으로 보나 명백히 후대에 더해진 본문이다.[20] 21장 또한, 그것이 나머지 복음서 본문과 어떤 관계를 갖고 있든 간에, 부록 혹은 에필로그의 느낌을 주며, 복음서 내러티브가 20장에서 공식적으로 마무리된 후 나중

---

20. 이 일화는 전해지는 사본 중 여섯 개의 서로 다른 곳에서 발견되지만, 중요하게 여겨지는 여러 사본에서는 발견되지 않는다. 이 이야기에 관한 오늘날의 철저한 연구를 위해서는 Jennifer Knust and Tommy Wasserman, *To Cast the First Stone: The Transmission of a Gospel Story* (Princeton: Princeton University Press, 2018)를 보라.

에 추가된 것으로 보인다. 이러한 명백한 후대적 첨가 이외에도, 최후의 만찬 담화의 후반부 장들, 즉 요한복음 15-17장은 이차적으로 추가된 결과라고 오랫동안 의심받아 왔다. 여기 나오는 내용들 중 많은 부분은 이미 14장에서 이야기됐던 것을 반복하고 있으며, 14장의 끝부분에서 여기를 떠나자는 예수의 명령으로부터 18장의 겟세마네 동산으로의 이동으로 이어지는 매끄러운 흐름을 방해한다. 이러한, 그리고 또 다른 문학적 '솔기들' 또는 내러티브의 단절된 부분들은 명백하게도 복음서의 발전 과정을 보여주며, 요한복음에 대한 모든 해석은 이것들이 본문에서 어떤 역할을 하고 있는지 설명해야만 한다. 그런데, 대체 어떻게 설명해야 할까?

특정한 주제들에 대해 답하기 전에, 우리는 요한복음 연구에 있어서 '문학적 전환'(Literary Turn)이라 불리는 주요한 변화에 대해 이야기해야 한다. 이전에도 이러한 변화를 암시하는 연구들은 있었지만, 우리가 요한복음을 생각하는 방식에 근본적인 변화를 가져온, 이 '패러다임' 전환에 주요하게 기여한 연구는 앨런 컬페퍼의 『요한복음 해부』(Anatomy of the Fourth Gospel; 알맹e 역간, 2021)이다.[21] 컬페퍼는 복음서 본문이 문

---

21. Alan Culpepper, *Anatomy of the Fourth Gospel: A Study in Literary Design* (New Testament Foundations and Facets, Philadelphia:

학작품으로서 기능하는 점에 주의를 기울이는 것이 요한복
음 해석에 큰 도움을 줄 수 있다고 주장했다. 요한복음은 분
명하게도 내러티브이며, 그 문학적 특징들은 이러한 접근을
아주 유용한 분석으로 만든다. 이 복음서의 묘사에는 **플롯**과
드라마틱하게 **상호작용**하는 다양한 **등장인물들**에 대한 설
명이 포함된다.[22] 우리는 요한복음에서 **내레이터**의 목소리를
듣는다. 그는 (내포) 독자를 위해 내용을 설명하고 그 독자가
기대하는 내용이 어떻게 이루어질 것인지 알려준다. 요한복
음 내러티브는 명백한 구조적 요소 외에도 널리 퍼져 있는
특징, 가령 **아이러니**의 사용이라든가 **상징주의**에 대한 의존
등이 나타난다. 이러한 특징들에 주의를 기울임으로써 새로

Fortress, 1983).

22. Adeline Fehribach, *The Women in the Life of the Bridegroom: A Feminist Historical-Literary Analysis of the Female Characters in the Fourth Gospel* (Collegeville, MN: Liturgical Press, 1998); Susan Hylen, *Imperfect Believers: Ambiguous Characters in the Gospel of John* (Louisville: Westminster John Knox, 2009); Cornelis Bennema, *Encountering Jesus: Character Studies in the Gospel of John* (Louisville: Westminster John Knox, 2007; Milton Keynes: Paternoster, 2009); Steven A. Hunt, D. Francois Tolmie, and Ruben Zimmermann, eds., *Character Studies in the Fourth Gospel: Literary Approaches to Seventy Figure in John* (Wissenschaftliche Untersuchungen zum Neuen Testament 314, Tübingen: Mohr Siebeck, 2013).

운 통찰들이 생겨났고, 동시에 이러한 접근은 요한복음의 맥
락을 파악하는 연구에 새로운 길을 열어주었다.

최근 요한복음에 대한 나의 연구 대부분은 그런 문학적
틀 아래서 이루어진 것이다.[23] 나는 이 복음서의 편집 가능성

---

23. 요한복음에 대한 문학적 분석에 기여한 최근의 연구들을 위해서는
    Margaret Davies, *Rhetoric and Reference in the Fourth Gospel* (Journal
    for the Study of the New Testament Supplement Series 69, Sheffield:
    JSOT Press, 1992); Mark W. G. Stibbe, *John as Storyteller: Narrative
    Criticism and the Fourth Gospel* (Society for New Testament Studies
    Monograph Series 73, Cambridge: Cambridge University Press,
    1992); 동일한 저자, *The Gospel of John as Literature: An Anthology of
    Twentieth-Century Perspectives* (New Testament Tools and Studies 17,
    Leiden/New York/Köln: Brill, 1993); d. M. H. Tovey, *Narrative Art
    and Act in the Fourth Gospel* (Society for New Testament Studies
    Monograph Series 51, Sheffield: Sheffield Academic Press, 1997);
    Warren Carter, *John: Storyteller, Interpreter, Evangelist* (Grand
    Rapids, MI: Baker Academic, 2006). 좀 더 '포스트모던적' 접근은
    Jeffrey L. Staley, *Reading with a Passion: Rhetoric, Autobiography, and
    the American West in the Gospel of John* (New York: Continuum,
    1995)이다. Stephen Moore는 이에 대해 *Journal of Biblical Literature*
    117 (1998) 366-67에서 서평을 썼다. 또한 Stephen Moore, *God's
    Gym: Divine Male Bodies of the Bible* (New York and London:
    Routledge, 1996), 50-71에는 Culpepper의 *Anatomy of the Fourth
    Gospel*에 대한 비판적 대화가 담겨 있다. 그리고 Patrick Counet, *John,
    A Postmodern Gospel: Introduction to Deconstructive Exegesis Applied
    to the Fourth Gospel* (Biblical Interpretation Series 44, Leiden: Brill,
    2000)을 보라.

에 대해서 부정하고 싶지 않고, 형성되는 과정에서 오랜 시
간에 걸쳐 고쳐쓰기 됐을 가능성 또한 부인하지 않는다. 그
러나 나에게 가장 중요한 것은 복음서의 최종 (혹은 최종에 가까
운) 본문이며, 여기에는 8장의 간음한 여인의 일화와 아마도
21장의 부록 부분은 포함되지 않는다. 내가 하려고 하는 작
업은 문학적 비평의 세 가지 특징을 본문에 적용하고 이러한
접근의 역사적, 신학적 함의를 밝히는 것이다.

　　만약 제4복음서가 내러티브라면, 실제로 그것은 내러티
브지만, 우리는 아마도 구체적으로 그것이 어떤 내러티브인
지, 이를 좀 더 구체적으로 밝힐 수 있는지에 대해 물어야 할
것이다. 이러한 질문은 부분적으로는 오랫동안 논의되어 온
다른 문제이기도 한데, '복음서'라는 이름을 달고 있는 세 개
의 다른 내러티브가 정경 성서에 존재한다는 사실에서 비롯
된 것이다. 요한복음과 다른 복음서들의 관계는 오랫동안 논
의되어 왔다. 일견 요한복음은 다른 복음서들과 아주 유사하
게 보인다. 특히 마가복음서와 매우 유사하다. 두 복음서 모
두 주요 이야기가 예수의 행적과 가르침으로 이루어졌다는
점, 본디오 빌라도 총독 시기 예루살렘에서 예수가 처형됨으
로써 이야기가 정점에 달한다는 점을 들 수 있다. 그러나 한
단계 더 나아간다면, 유사점들 이외에도 많은 차이점들이 있

다. 그뿐만 아니라 나머지 세 개의 '공관'복음은 아주 많은 지점에서 세부적인 내러티브와 가르침을 공유하는 반면, 요한복음은 여러 측면에서 멀리 떨어져 있다.

요한복음과 공관복음 간의 관계를 자세하게 다루기에는 강연의 시간이 충분하지 않다.[24] 그러나 이 문제에 대한 나의 입장과 그것이 갖는 문학적 분석에서의 함의에 대해 짧게나마 요약하려 한다. 요한복음은 분명하게도 우리가 가진 다른 복음서의 내러티브를 그대로 따르지 않는다. 그러나 요한복음은 다른 복음서들, 특별히 마가복음과 누가복음을 알고 있었다는 흔적을 드러낸다.[25] 제4복음서는 다른 복음서를 알고 있었지만 예수의 이야기를 하면서 자신만의 방식을 택하기로 결정했다. 이러한 방식은 독창적이며, 복음서 전반에서 확인된다. 요한복음 사가는 예수에 대한 자신만의 이야기를

---

24. 이 주제에 대한 전반적인 검토는 Harold W. Attridge, "John and other Gospels," in Judith Lieu and Martinus de Boer, eds., *Oxford Handbook of Johannine Studies* (Oxford: Oxford University Press, 2018), 44-62을 보라.

25. 어떤 이들은 이러한 관계에 대해 반대의 입장을 취했다. Mark A. Matson, *In Dialogue with Another Gospel? The Influence of the Fourth Gospel on the Passion Narrative of the Gospel of Luke* (Society of Biblical Literature Dissertation Series 178, Atlanta: Society of Biblical Literature, 2001), 그러나 20장의 예수가 부활 후 나타나신 장면은 이를 분명하게도 반증한다.

드라마로 가장하여 제시하고자 했다.[26] 나는 이 드라마라는 용어를 앞서 가볍게 사용했지만, 이제부터는 다소 의도적으로 사용할 것이며, 이는 앞으로 내가 진행할 전반적인 본문 해석에 중요한 함의를 가질 것이다.

드라마적인 복음서

이 주제에 대해서는 훨씬 더 많은 이야기를 할 수 있지만, 요한복음의 주요한 특징 네 가지는 특히나 이 복음서의 드라마 장르를 보여준다. 첫 번째는 운율을 가지고 태고로부터 신성한 말씀이 육신이 되셨음을 찬양하는 서막(Prologue)이다.[27] 요한복음의 도입부는 마가복음이나 마태복음에 있는

---

26. 드라마라는 용어를 사용한 다른 학자로는 Jo-Ann A. Brant, *Dialogue and Drama: Elements of Greek Tragedy in the Fourth Gospel* (Peabody: Hendrickson, 2004); George Parsenios, *Rhetoric and Drama in the Johannine Lawsuit Motif* (wissenschaftliche Untersuchungen zum Neuen Testament 1.258; Tübingen: Mohr Siebeck, 2010)가 있다.

27. 요한복음의 서막에 대한 문헌들은 방대하다. 유용한 개론서로는 Craig Evans, *Word and Glory: On the Exegetical and Theological Background of John's Prologue* (Journal for the Study of the New Testament Supplement Series 89, Sheffield: Sheffield Academic Press, 1993); Elizabeth Harris, *Prologue and Gospel: The Theology of the Fourth Evangelist* (Journal for the Study of the New Testament Supplement Series 107, Sheffield: Sheffield Academic Press, 1994); 그리고 가장 최근의 저작으로는 Jan G. van der Watt, R. Alan Cul-

어느 것과도 다르다. 오히려 요한복음의 서막은 누가복음이나 사도행전의 서문과 비슷하다. 그러나 글을 도입하는 서문으로서의 일반적 기능상의 유사점을 제외한다면, 누가가 쓴 두 책의 서문은 요한복음의 서막과는 현저하게 다르다. 누가의 서문들은 산문이며 다소 변증적인 성격을 가지고 독자의 관심을 끌어내려고 한다. 이러한 특징은 역사기록학과[28] 특화된 기술 매뉴얼(specialized technical manuals)에서[29] 찾아볼 수 있는 것들이다. 요한의 서막은 시적인 형태로 되어 있고 복음서 전체에 걸쳐 나타날 상징적, 주제적 세계의 많은 주제들을 암시한다: 빛과 어둠의 대조, 성부와 성자의 관계, 말씀을 받아들이는 자들과 거부하는 자들의 극명한 대조, 예수가

---

pepper, and Udo Schnelle, eds., *The Prologue of the Gospel of John: Its Literary, Theological, and Philosophical Contexts. Papers read at the Colloquium Ioanneum 2013* (Wissenschaftliche Untersuchungen zum Neuen Testament 359, Tübingen: Mohr Siebeck, 2016)을 보라.

28. Harold W. Attridge, "Josephus, Luke and the Uses of History," *Perspectives in Religious Studies* 42 (2015): 87-100을 보라.

29. Loveday Alexander, *The Preface to Luke's Gospel: Literary Convention and Social Context in Luke 1.1-4 and Acts 1.1* (Society for New Testament Studies Monograph Series 78, Cambridge: Cambridge University Press, 1993), 그리고 같은 저자의 *Acts in Its Ancient Literary Context: A Classicist Looks at the Acts of the Apostles* (Library of New Testament Studies 298, Edinburgh: T&T Clark, 2005)를 보라.

전한 가르침과 모세의 가르침 사이의 대조, 말씀의 현존에 대한 강조와 이에 따른 말씀과의 만남과 이해의 경험들이 그것이다. 우리가 갖고 있는 서막은 나중에 복음서에 덧붙여진 생각이거나 부차적인 혹은 우연히 더해진 부가물이 아니다. 이것은 지금의 위치, 우리가 갖고 있는 복잡한 이 복음서의 시작 부분에 속해 있다. 이 위치에서, 서막은 그리스 드라마의 '휘포테시스'(hypothesis)와 유사한 기능을 하는데, 그리스 드라마에서 이 준비 단락은 이어지는 공연에서 독자들이 마주하게 될 이야기를 미리 알려주는 기능을 한다. 제4복음서는 다른 어느 복음서와도 다르게 드라마로 시작된다. 우리는 요한복음을 비극으로 생각할 수도 있고, 희극으로 생각할 수도, 혹은 그 사이의 어떤 것으로 생각할 수도 있다. 이는 우리가 결정할 수 있는 문제다. 그러나 이 시작부가 드라마와 같다는 점은 분명하다. 우리가 요한복음의 내러티브 수사학을 이해하고자 한다면, 이 복음서의 드라마적인 성격에 대해 주의를 기울여야 한다.

두 번째로 주요한 드라마적 성격은, 최근 수십 년간 상당한 주목을 받은 주제로, 내러티브에 스며들어 있는 아이러니이다.[30] 아이러니는 요한복음의 많은 양식에 나타나며, 우리

---

30. Paul D. Duke, *Irony in the Fourth Gospel* (Atlanta: John Knox Press,

는 곧 다양한 형태의 아이러니를 살펴볼 예정이지만, 그중에
서도 우리가 인식해야 하는 가장 첫 번째의, 그리고 가장 중
요한 형태의 아이러니는 소위 '드라마적'인 아이러니. 일
반적으로 아이러니는 어떤 것을 표현하면서 정반대의 의미
를 갖게끔 만드는 언어적 행위다. 드라마적 아이러니란 '무
대 위에서' 벌어지는 아이러니를 말한다. 이는 한 인물이 매
우 분명한 사실을 이야기하면서도 정작 자신은 알아차리지
못하지만, 청중은 알아듣는 경우를 가리킨다. 혹은 청중들이
진실하다고 알고 있는 어떤 사실을 등장인물은 거부할 때도
이를 드라마적 아이러니라고 한다. 드라마의 작가와 그의 청
중은 결과적으로 드라마의 인물들이 깨닫지 못하고 있는 어
떤 비밀을 공유하게 된다.

　고대 그리스 세계에 가장 잘 알려진 드라마틱 아이러니
의 좋은 예시는 에우리피데스의 『박코스 여신도들』(*Bacchae*;
『에우리피데스 비극 전집 2』에 수록, 숲 역간, 2021)에서 찾을 수 있
다.[31] 기원전 5세기 후반의 이 희곡은 그리스의 신 디오니소

　　1985), 그리고 Gail O'Day, *Revelation in the Fourth Gospel: Narrative Mode and Theological Claim* (Philadelphia: Fortress, 1986)을 보라.

31.　이는 아주 오래전에 George W. MacRae, S.J., "Theology and Irony in the Fourth Gospel," in Richard J. Clifford and George W. Macrae, eds., *The Word in the World: Essays in Honor of F. L. Moriarty*

스와 테베의 왕 펜테우스, 그리고 펜테우스의 어머니인 아가
우에 간에 생긴 사건들에 대해 말한다. 디오니소스는, 제4복
음서에서 예수가 그렇듯, 인간의 형태를 하고 지상세계를 걸
어 다닌다. 디오니소스는 그리스 테베 땅에 자기 자신에 대
한 숭배가 퍼져 나감에도 사람들에게 인식되지 않았고, 나중
에 가서야 아가우에 및 그녀의 딸들, 친구들에 의해서 비로
소 정체가 밝혀진다. 펜테우스는 디오니소스 제의가 퍼져 나
가는 것을 막으려고 노력하던 중에, 아직 정체가 드러나지
않은 디오니소스와 만나 교류한다. 이때 펜테우스는 디오니
소스에 대하여 옳은 말을 많이 하지만, 본인 스스로는 그 의
미를 미처 깨닫지 못한다. 신의 힘에 대한 펜테우스의 저항
은 나쁜 결과를 낳는데, 그는 아가우에와 그녀의 동료들에
의해 디오니소스적 광란의 현장에서 무참하게 찢겨 죽는
다.[32]

　　요한복음에서 예수와 만나서 교류하는 인물들은 펜테우

(Cambridge, MA: Weston College, 1973), 83-96, repr. in Stibbe, *The
Gospel of John as Literature*, 103-113에서 지적된 것이다.

32.　제4복음서에도 디오니소스적인, 더 구체적으로는 에우리피데스적인
　　모티프를 추적한 연구가 있다. 이에 대해 가장 철저한 연구로는
　　Dennis R. MacDonald, *The Dionysian Gospel: The Fourth Gospel and
　　Euripides* (Minneapolis: Fortress, 2017)를 보라. 그는 요한복음의 초
　　기 형태가 디오니소스 전통과 경쟁 관계에 있었다고 주장한다.

스와 매우 유사하게 행동한다. 그들은 각자의 삶 속에서 마주한 신적 존재의 임재에 저항하며, 청중은 이미 인지하고 있는 진실을 거부한다. 가령, 니고데모가 "사람이 나이가 들었는데 어떻게 다시 태어날 수 있습니까?"(요 3:4)하고 말했을 때, 그는 예수의 '아노텐'(anothen)이라는 표현이 "다시 태어남"을 뜻한다고 암시한다. 또는 예루살렘의 비판적인 군중이 예수의 정체를 물으며 그가 "스스로를 하나님하고 같게 만들었다"(요 5:18)고 추측할 때, 그들이 처한 상황의 진실을 드러내며, "하지만 그리스도께서 오실 때는 아무도 그가 어디 출신인지 알지 못합니다"(요 7:27)라고 말할 때, 가야바가 "한 사람이 백성을 위해서 죽고 민족 전체가 망하지 않는 것이 여러분에게 이득이라고 생각하지 않습니까?"(요 11:50)라고 말할 때, 7:35에서 군중이 "그리스 사람 가운데 우리 민족이 흩어져 사는 곳으로 가서 그리스 사람들을 가르치겠다는 건 아니겠죠?"하고 반문할 때(이 일은 12장에서 실제로 일어난다) 이런 드라마적 아이러니가 발생한다.

내러티브의 '드라마적인 아이러니' 이외에, 요한복음의 절정 부분의 구조를 지배하고 있는 것은 또 다른 형태의 아이러니이다. 요한복음을 한 번이라도 읽어본 사람이라면 친숙할 법한 이 아이러니한 묘사는 "높이 들리셨다"(그리스어로

hypsoo)는 표현이다. 다시 말해, 십자가라는 치욕스러운 나무 위에 예수께서 "영광 중에 높이 들리셨다"(그리스어로 *doxazo*)는 주장이다. 이는 신비한 영광으로서, 매혹적이며 강렬한 어떤 것이다. 아직 요한복음의 내러티브 수사학 중 살펴봐야 할 다른 것들이 많으니 더 이상 깊이 설명하지는 않겠다. 여기에서는 단지 이것만 기억하도록 하자. 아이러니는 제4복음서에 가득한 드라마적인 단락들을 장식하려고 손쉽게 사용한 문학적 도구가 아니다. 아이러니는 드라마적 내러티브에서 핵심을 차지하는 개념적 도구다.

이제껏 우리는 제4복음서가 기술적으로 드라마적인 특징들을 보여주는 방식들에 관해 살펴보았다. '휘포테시스'로서의 서막과 복음서 전반에 만연해 있는 아이러니는 이 복음서를 드라마라는 장르로 볼 때 가장 잘 이해된다. 복음서의 드라마적인 세 번째 요소는 '지연된 퇴장'(delayed exit)이라는 문학적 도구인데, 앞서 언급한 두 가지 요소에 비해 비교적 덜 중요하지만 예견하지 못했던 본문에서 발견되며 많은 현대의 독자들이 가졌던 문제들을 해결해 주었다. 이 '지연된 퇴장'은 최후의 만찬 담화에서 발견되는 특징인데, 조지 파르세니오스가 밝혀낸 것이다.[33]

---

33. George Parsenios, *The Word in the World: The Proliferation of Genres*

앞서 나는 요한복음 본문이 가진 특징들이 많은 학자들로 하여금 요한복음의 통시적 발전 단계에 대한 다양한 이론을 만들게끔 했다고 이야기했다. 그때 나는 예수의 이 마지막 담화가 가진 복잡성에 대하여 슬쩍 언급했다. 예수의 대화는 14장의 끝에 이르러 결론에 도달한 것처럼 보인다. 예수는 사랑의 섬김에 대한 예시로서 제자들의 발을 씻겨준다. 그는 사랑을 실천하라는 '새 계명'을 주었고, 보혜사(Paraclete)를 보낼 것도 약속했다. 그리고 이 장의 마지막에서 예수는 제자들에게 이제 일어나서 가라고 말한다. 18장에 나오는 겟세마네 동산으로의 이동은 아주 자연스럽게도 14장의 이 명령 다음에 위치하는 것처럼 보인다. 그러나 이 매끈한 연결 대신에 예수는 15-17장에 걸쳐 다시금 연설한다. 예수는 포도나무와 가지의 '비유'를 말한다. 그는 보혜사를 보내리라는 약속을 반복하며, 제자들에게 세상의 증오를 주의하라고 말한다. 그리고 마지막으로 그가 제자들에게 주었던 이름을 통해 나중에 예수의 제자가 될 이들의 성화(sanctification)를 위해 기도한다. 물론 이 모든 요소들은 요한복음이 말하는 궁

---

in John 13-17: The Johannine Farewell Discourses in Light of Greco-Roman Literature (Supplements to Novum Testamentum 117, Leiden, Boston: Brill, 2005).

극적인 주장들을 위해 중요하다. 하지만 이것들이 단지 후대에 생각된 것들이거나 혹은 부차적인 추가 본문들인가? 15-17장이 요한복음의 역사적 구성 단계 중 어디쯤에 위치하든 간에, 우리는 이 단락의 기능에 주목해야 마땅하다. 해당 본문의 기능은 고대 그리스와 로마의 드라마에서 자주 등장했던 현상인, 주요한 인물의 (무대로부터의) '지연된 퇴장'과 정확하게 유사하다.

　　지연된 퇴장은 주인공이 죽음의 경계에 있을 때 자주 등장한다. 고대 극장의 관습에 따르면, 이는 관객이 보이지 않는 곳에서 발생했다. 죽음이나 떠남이 임박했을 때, 해당 인물은 결론을 암시하는 제스처를 한다. 그러나 곧바로 결말이 이어지지 않고, 얼마간의 멈춤과 진행이 이어지는데, 대개 다가오는 헤어짐의 의미가 언급된다.[34] 요한복음 15-17장은 이 지연된 퇴장이라는 문학적 기법으로 이해될 수 있다.

　　물론 제4복음서의 최후의 만찬 담화와 아주 유사한 문학

---

34. 예, Aeschylus, *Agamemnon*, 카산드라(Cassandra)의 지연, 1290-1331행[=『아이스퀼로스 비극전집』, 숲, 2008에 수록된 『아가멤논』]; Sophocles, *Philoctetes*, 1402-15행[=『소포클레스 비극전집』, 숲, 2008에 수록된 『필록테테스』]; Sophocles, *Antigone*, 883-930행[=『소포클레스 비극전집』, 숲, 2008에 수록된 『안티고네』]; Euripides, *Trojan Women*, 294-461행[=『에우리피데스 비극전집 1』, 숲, 2020에 수록된 『트로이아 여인들』]을 보라.

적 장르가 단지 고대의 드라마뿐은 아닐 것이다. 우리의 창조적인 복음 사가는 이곳과 다른 곳들에서 아주 다양한 종류의 문학 장르들이 가진 특징을 혼합하여 사용했다. 그중에는 곧 떠나갈 예정인 족장들의 '유언'이 있다. 이 유언을 통해 등장인물들은 자녀들을 책망하며 미래를 예언한다. 또한 요한이 사용한 것 중에는 죽음에 대한 철학적 혹은 수사학적인 위안의 메시지가 있고, 심지어는 향연 달리 말하면 저녁식사 담화도 있는데, 이를 통해 요한은 사랑과 같은 중요한 주제에 대해 다룬다.[35] 이런 장르들의 요소들 모두는 요한복음 13-17장에서 나름의 기능을 한다. 이 설명의 요점은 드라마적인 장치들이 이 혼합물의 일부라는 것이다.

* * *

우리가 이야기해온 것들의 결론을 맺기 위해 네 가지의

---

35. 고대의 향연을 다룬 문학들과 제4복음서의 유사점에 대해서는 Harold W. Attridge, "Plato, Plutarch, and John: Three Symposia about Love," in Edward Iricinschi, et al., eds., *Beyond the Gnostic Gospels: Studies Building on the Work of Elaine Pagels* (Studies and Texts in Antiquity and Christianity 82, Tübingen: Mohr Siebeck, 2013), 367-78.

드라마적 장치 중 마지막 요소에 대해 살펴보자. 지나가는 말로, 나는 제4복음서가 예수와 그의 다양한 대화 상대자 간의 긍정적인 혹은 부정적인 드라마적 만남이나 상호작용의 연속으로서 이해될 수 있다고 했다. 이러한 만남의 여러 곳에서 등장하는, 희곡 작가의 도구함에 있던 다른 표준 부품은, 인식 장면이다. 이 문학적 장치 및 그것이 제4복음서에서 갖는 중요성에 대해서는 덴마크의 학자 카스퍼 브로 라르센에 의해 창의적으로 연구되어 왔다.[36] 이것에 대해 설명하기 위해서는 요한복음을 읽는 누구에게나 친숙한 세 개의 짧은 예시를 제공하는 것으로 충분할 것이다. 4장에 등장하는 사마리아 여인은 예수와의 대화를 통해 그가 실제로 메시아라는 점을 인식하게 된다. 잠정적인 결론이긴 하지만 그녀는 그 순간 인식을 경험하며, 이는 그리스인들이 '아나그노리시스'(*anagnorisis*)라 부르던 것이다. 빈 무덤의 입구에서 울며 예수의 시신에 무슨 일이 생긴 것인지 궁금해하던 막달라 마리아는 그의 이름을 부르는 예수의 목소리에 그녀가 사랑한 주님이 거기 함께 계신 것을 인식한다. 그녀 또한, 양과 목자에

---

36. Kasper Bro Larsen, *Recognizing the Stranger: Recognition Scenes in the Gospel of John* (Biblical Interpretation Series 93, Leiden: Brill, 2008).

대한 비유(요 10:27)를 떠올리게 하는 이 목소리 표징에 '아나
그노리시스'의 순간을 경험한다. 의심으로 유명한 도마는 부
활한 이의 상처 입은 몸이라는, 분명히 만질 수 있는 표징을
통해 믿음을 갖게 된다. 이 실재(reality)와 대면함으로써, 도마
는 그 유명한 외침 "나의 주님, 나의 하나님!"(요 20:28)에서 자
신의 '아나그노리시스'를 분명하게 표현할 수 있었다.

　　이러한 드라마적 만남들은 고대의 무대에서 아주 익숙하
게 쓰였던, 유효성이 증명된 문학 장치를 사용한다. 아리스토
텔레스가 최고의 비극으로 꼽았던 『오이디푸스왕』을 떠올려
보라. 이 드라마의 플롯은 오이디푸스가 자신이 진정 누구인
가에 대한 진실, 그 파멸적인 진실을 알게 되는 것에 달려 있
다. 몇몇 형태의 '아나그노리시스'를 보이는 복음서의 드라
마적 만남들에서, 우리는 요한복음 전체의 내러티브 수사학
이 압축된 형태를 찾아볼 수 있다.

제2강
역사를 마주하기

나는 첫 장에서 학자들이 제4복음서를 이해하고자 고안했던 몇 가지 주요한 방식들에 대해 다루었다. 시대적 맥락을 파악하려는 지난 세기의 연구들과 최근 일이십 년 사이, 복음서의 문학적 특징들에 주의를 기울이려 하는 연구들 사이의 극명한 대조를 살필 수 있었다. 문학적 접근들 중에서도 복음서의 '드라마적' 특징들에 주목하는 방식이 요한복음 이해를 가장 두드러지게 돕는 것처럼 보인다. 특히 복음서의 서막이나 드라마적 아이러니의 사용, '지연된 퇴장' 같은 기술적 도구의 배치, 마지막으로 '아나그노리시스'(anagnoresis) 혹은 인식 모티프 등 말이다. 이것들은 고대 드라마의 플롯에서 중심점으로 자주 사용되던 것들이다.

드라마적 만남은 요한복음 전체가 독자에게 제공하고자 하는 종류의 만남을 소중히 간직하고 있다. 이 만남들은 복음서 본문이 보이는 내러티브 수사학의 전형적인 예다. 이 장면들을 면밀히 살펴보면 복음서 본문의 다른 문학적 특징도 발견할 수 있게 된다. 특히 등장인물들이 묘사되는 방식에 대해 알 수 있다. 그러나 어떻게 요한의 드라마가 작동하는지 평가하기에 앞서 역사라는 주제에 대해 먼저 말해야 할 것 같다.

요한복음과 역사

제4복음서가 대체 역사와 어떤 관련이 있는가? 혹은 조금 바꾸어 표현하자면, 이 텍스트를 드라마의 일종으로 보는 것은 역사적 증언으로서 요한복음의 가치를 의심하게 만드는가?

요한복음의 역사적 가치라는 주제는 부분적으로 이 책이 예수의 삶과 가르침에 대해 독특한 증언을 전한다는 점에서 비롯한다.[1] 여기에는 요한복음만이 유일하게 예수의 공생애

---

1.   복음서의 역사성은 최근 들어 여러 학자들에게 조명받았다. 그중에는 Tom Thatcher의 *Why John Wrote a Gospel: Jesus—Memory—History*

를 3년에 걸쳐 서술한다는 점, 성전 정화 사건을 예수의 공생
애 끝이 아니라 초반에 위치시킨다는 점, 최후의 만찬이 일
어난 때를 유월절 시작일이 아닌 그 하루 전날 밤으로 그려
내며 따라서 최후의 만찬은 유월절 만찬(Seder)이 아니라고
암시하는 점 등이 포함된다. 또한 요한복음은 공관복음에서
두드러지게 나타나는 예수의 사역 중 특정한 부분에 대해서
침묵한다. 가령 세례자 요한에 의해 예수가 세례를 받은 일
화나 예수가 축귀자로서 활동한 일들 말이다. 물론 요한복음
에서도 세례자 요한이 등장하며 그의 입을 통해 예수가 어떤
분이신지 확인되지만, 예수에게 세례를 주지는 않는다. 또한
요한복음은 예수의 축귀 사역에 대해 아무 내용도 전하지 않

(Louisville, KY: Westminster John Knox, 2005)와 Paul Anderson의
The Fourth Gospel and the Quest for Jesus (New York: T&T Clark,
2006)가 있다. Thatcher와 Anderson은 전미 성서학회의 다른 학자들
과 협력하여 요한복음의 역사성에 대한 연구서를 펴냈다: Paul Ande-
rson, Felix Just, S. J. Tom Thatcher, eds., *John, Jesus, and History*, vol.
1: *Critical Appraisal of Critical Views* (Society of Biblical Literature
Symposium Series 44, Atlanta: Society of Biblical Literature, 2007);
vol. 2: *Aspects of Historicity in the Fourth Gospel* (Early Christianity
and Its Literature 2, Atlanta: Society of Biblical Literature, 2009);
vol. 3: Glimpses of Jesus Through the Johannine Lens (Early Christia-
nity and Its Literature 3, Atlanta: Society of Biblical Literature,
2016).

는다. 요한복음은 또한 예수가 사역했던 지역에 대한 세부 정보를 포함하고 있는데, 이는 나중에 고고학적 발견에 의해 확인됐다. 가령, 갈릴리의 유대인 정착지에서 돌 항아리가 발견됐고(요 2:6),[2] 예루살렘에서는 다섯 개의 주랑 현관을 가진 특별한 연못이 확인됐다(요 5:2).[3] 아마도 이보다 더 중요한 요한복음만의 독특성이라면, 여기 등장하는 예수의 가르침이 독특하다는 점일 것이다. 요한복음에는 공관복음에서 발견되는 간결하고 도발적이며 격언적인 지혜가 거의 없으며, 마태의 산상수훈이나 누가의 평지수훈과 같은 구체적인 윤리적 명령 또한 전혀 없다. 비유로 된 가르침도 많지 않으며, 묵시적인 예언도 없고, 최후의 만찬 장면에서는 빵과 포도주에 대한 예수의 말씀도 찾아볼 수 없다. 대신 요한복음에는 길고 상징으로 가득한 담화들이 있다. 누군가는 합리적인 의

---

2. Jonathan L. Reed, "Stone Vessels and Gospel Text: Purity and Socio-oeconomics in John," in S. Alkier and Jürgen Zangenberg, eds., *Zeichen aus Text und Stein: Auf dem Weg zu einer Archäologie des Neuen Testament* (Texte und Arbeiten zum neutestamentlichen Zeitalter 42, Tübingen: Mohr Siebeck, 2007), 381-401을 보라.

3. Joachim Jeremias, *The Rediscovery of Bethesda: John 5:2* (Louisville: John Knox, 1966)을 보라. 이 발견에 대해 제기된 의문에 대해서는 P. Benoit, "Découvertes archéologiques autour de la piscine de Bethesda," in J. Aviram, ed., *Jerusalem Through the Ages: The Twenty-fifth Archaeological Convention* (Jerusalem, 1968), 48-57을 보라.

문을 제기할 수도 있다. 여기 실린 정보 중 얼마만큼이 역사적 예수를 구성해도 될 만큼 역사적으로 신뢰할 수 있는 내용이냐고, 또 얼마만큼이 드라마적인 복음 사가의 상상으로 만들어진 내용이냐고 말이다. 고고학적으로 확인할 수 있는 세부 정보라면 우리는 거기에서 역사적 회상이나 사실주의의 아우라를 발견할 수 있는가? 혹은 복음서 본문의 문학적 역사를 재구성하는 일군의 학자들처럼 이야기한다면, 요한복음은 예수의 생애가 아니라 요한의 그리스도교의 역사, 즉 애제자 공동체의 삶과 시간을 반영하고 있는가?[4]

혹자는 당연하게도 각각의 증거가 가진 역사적 가치를 개별적으로 연구하고, 이를 다른 증거와의 관계하에서 평가하거나, 증거를 제공한 자료의 성향을 분석할 수 있다. 이러한 연구에 기초해서 그는 아마도 요한복음에 등장하는 증언의 역사적 가치에 대해 판단을 내릴 수 있을 것이다. 역사가들이 하는 작업이 이러한 것들이다. 복음서의 역사성에 관심을 가진 사람이라면, 다른 이가 아무리 복음서의 문학적 가치에 대해 떠들어도, 아마 이러한 질문들에 답하기 위해 연

---

4.   요한 공동체의 역사적 재구성에 대해서는 Raymond E. Brown, *The Community of the Beloved Disciples* (Paramus, NJ: Paulist/Newman, 1979)를 보라.

구할 것이다. 그러나 이런 유의 학문적 탐구를 단단하게 뒷받침하는 것은 역사적 질문들에 관심을 가졌던 많은 학자들의 판단에서 크게 무게가 실렸던 다음의 관찰이다. 곧, 요한복음은 목격자의 증언이라고 스스로 진술하거나 혹은 이에 기초하고 있다.[5]

이러한 주장은 요한복음 후반에 나오는 세 개의 단락에 기반하고 있다. 로마 군인들이 예수의 옆구리를 창으로 찌르는 장면에서, 복음서의 내레이터는 다음과 같이 보도한다.

> 이것을 직접 본 사람이 증언했다. 그리고 그의 증언은 참되다. 그 사람은 자기가 참된 것을 말하고 있다는 것을 알고 있다. 여러분 자신들도 믿게 하도록 증언한 것이다. 이런 일들이 일어난 것은, "그의 뼈가 부러지지 않을 것이다."라고 한 성경 말씀이 이루어지게 하려는 것이었다. 그리고 다시 성경의 다른 곳에서는 말한다. "그들이 자기들이 찌른 사람을 볼 것이다." (요 19:35-37)

---

5. Richard Bauckham, *Jesus and the Eyewitness: The Gospels as Eyewitness Testimony* (Grand Rapids: Eerdmans, 2006) [= 『예수와 목격자들』, 새물결플러스, 2015]을 보라.

이 단락은 적어도 십자가 처형에 관련된 설명이 목격자의 증언에 기초하고 있음을 말해주고 있다. 복음서 본문에서 저자와 목격자 간의 관계는 완벽히 명료하게 드러나지 않는다. 아마도 (내포) 저자가 스스로를 목격자라고 주장하는 듯하다. 그는 공손하게도 스스로를 3인칭으로 가리키지만(요 19:35), 목격자가 진실을 말한다는 것을 알고 있다는 말은 마치 이 모든 것이 자신의 증언인 것처럼 들린다. 20장의 끝부분 또한 십자가 처형에 대한 목격자의 언어를 반영하고 있다.

> 사실은 많은 다른 표징들도 예수님이 자기 제자들 앞에서 해 보이셨습니다. 그것들은 이 책에 적혀 있지 않습니다. 그런데 이것들을 적어 둔 것은, 예수님이 그리스도, 곧 하나님의 아들이신 것을 여러분이 믿게 되도록 하려는 것입니다. 또 믿어서 그분의 이름을 힘입어 생명을 얻도록 하려는 것입니다. (요 20:30-31)

두 단락을 함께 생각해 본다면 분명하게도 요한복음 본문이 목격자의 증언에 기초하고 있다고 말할 수 있다. 물론 혹자는 언제나 불평하면서, (내포) 저자와 예수의 옆구리에 창이 찔리는 것을 실제로 봤던 사람을 구분할 수 있느냐고 의심하겠지만 말이다. 21장의 마지막 부분은 이러한 의심을 더욱 심화시킨다. 내레이터는 애제자가 죽음을 맛보지 않을 것이라는 예수의 발언을 보도한다. 물론 내레이터는 이를 가설적인 발언으로 이해하여 애제자가 실제로는 죽었다는 점을 드러낸다. 이후 내레이터는 다음과 같이 말한다. "이 사람이 이것들에 대해 증언하고 이것들을 쓴 제자입니다. 그리고 우리는 그의 증언이 참되다는 것을 알고 있습니다"(요 21:24). 이 마지막 문장은 명백하게도 목격자의 정체가 애제자임을 밝힌다. 그러나 이것은 또한 목격자와 그가 진실을 말하고 있음을 아는 '우리' 사이를 구분한다. '우리'는 명백하게도 요한복음의 최종 형태를 산출해 낸 이들이다.

스스로가 목격자의 증언에 기초하고 있다고 주장하면서, 요한복음은 그리스 역사기록학의 이상을 반영하는 것처럼 보인다. 그리스의 역사 기록학에서는 직접 목격한 역사를 기록한 작품을 아주 높게 평가했다. 이러한 역사가들 중 이름난 이로는 기원전 5세기의 투키디데스가 있는데, 그는 아테네와 스파르타 간의 펠로폰네소스 전쟁을 기록했던 유명한 역사가로서, 목격자들을 검사하는 일의 중요성을 강조했다.[6]

---

6. "그러나 전쟁의 발생 사실에 관해서는, 나는 우연한 정보원으로부터

또한 비슷한 예로 기원전 2세기의 폴리비오스가 있다. 그는 로마가 제국적인 힘으로서 발흥한 역사를 다루었으며, '족보, 신화, 식민지 확장'을 고대 역사의 재료로 다루는 역사가들을 폄하했다.[7] 이러한 역사가들 중에는 요세푸스 또한 포함된다. 요세푸스는 1세기의 유대인 역사가로, 적어도 그가 『유대 전쟁사』(Jewish War)를 썼을 때는 그리스의 역사 기록학 방식을 따르고 있었다. 『유대 전쟁사』는 66-73년에 유대인들이 로마에 대항하여 일으킨 저항에 대한 기록으로, 이 저

확인되거나 가능성이 있다고 생각되는 것이 아니라, 내가 직접 참여한 사건과 다른 사람들로부터 정보를 얻은 사건 모두에 대해 가능한 한 정확하게 각 세부 사항을 조사한 후에 정보를 제공하는 것이 나의 의무라고 생각했다. 여러 사건의 목격자들이 동일한 사건에 대해 동일한 보고를 한 것이 아니라 어느 한 쪽의 승리 여부에 따라, 또는 수집한 자료에 따라 다른 보고를 했기 때문에 이러한 사실을 확인하기 위한 노력은 힘든 작업이었다"(*Hist.* 1.22.2-4 [= 『펠로폰네소스 전쟁사』, 숲, 2011]).

7. "족보와 신화, 식민지 개척, 도시의 기초 및 혈연 관계는 많은 저자들에 의해 다양한 방식으로 이야기되어 왔기 때문에 오늘날 이러한 문제를 다루는 사람은 다른 사람의 작품을 자신의 작품으로 표현해야 한다. 이는 가장 불명예스러운 절차다. 이를 거부하는 경우, 자신이 글을 쓰고 관심을 기울이는 문제가 이전 저자들에 의해 적절하게 서술되어 후손에게 전승됐다는 것을 맹세하면서 아무런 목적 없이 수고해야만 한다. 따라서 나는 위에서 언급한 이유들 및 다른 이유로 처음에 언급한 사항들을 생략하고 오늘날 일어난 사건들에 대해 역사서를 쓰기로 결심했다"(*Hist.* 9.2.1-2).

항 결과 예루살렘 성전이 멸망했다.

『유대 전쟁사』의 서문(1.1-11)에서 요세푸스는 다른 이들이 시도해 온 '고대사'(antiquities)를 쓰는 일과, 그가 이 책에서 하게 될 작업, 즉 자기 시대의 역사를 기록하는 일을 구분했다. 그러면서 그는 자기 자신을 사실상 고전적 역사가들과 견주었다.

> 고대의 역사가들은 당대에 일어난 사건을 역사로 남기는 일에 전심전력했다. 따라서 그 역사를 읽는 독자들이 미리 다 알고 있는 사실들이었으므로 역사가는 함부로 거짓을 서술할 수 없었다.[8]

고대의 정치를 서술했던 역사가들은 당대의 역사에 대해 쓸 때 목격자의 증언을 높게 평가했지만 그 신빙성을 검사했다. 2세기의 그리스도교 선생 중 하나였던 파피아스도 동일한 작업을 했다. 4세기의 교회사가였던 에우세비오스에 따르면(Ecclesiastical History 3.39), 파피아스는 예수에 대한 목격자의 증언을 제공할 수 있는 제자들의 증언이나 다른 목격자의 증언을 믿을 만하게 전달할 수 있는 사람을 열심히 찾아다녔

---

8.   Josephus, *War* 1.5. [=『유대 전쟁사』, 생명의 말씀사, 1987].

다고 한다.

1세기 말, 대략 요한복음이 완성되던 시기에, '목격하는 일'(eyewitnessing)은 널리 퍼져있었고 확실히 요한복음 사가는 우리에게 목격자의 직간접적인 증언을 제공했다. 20장 끝에 나오는 목격자에 대한 언급에서 요한은 심지어 목격자들이 물건의 매매나 유언장에 대해 증언하는 내용을 담은 고대 파피루스들의 법정 상용 문구를 따라하기도 한다.[9] 복음서는 이 정형화된 언어와 하나의 중요한 예외를 빼고는 유사하다. 고대의 법적 문서들에서 목격자는 이름이 명백하게 드러나 있었다. 그러나 요한복음에서 목격자는 '암시적으로' 애제자라고 확인되지만 이름이 밝혀져있지는 않다. 그리스도교 역사에서 요한복음 수용사와 관련하여 두드러진 점은, 수많은 사람들이 애제자와 이 목격자의 이름을 연결하려고 노력해왔다는 것이다.[10] 애제자가 대체 누구인지 알아내려 하는 이 지속적인 열망에 대해서는 잠시 멈추어 생각해 보아야 한다.

---

9. 이 점에 대해서는 Howard M. Jackson, "Ancient Self-referential Conventions and Their Implications for the Authorship and Integrity of the Gospel of John," *Journal of Theological Studies* 50 (1999): 1-34을 보라.

10. 이 점에 대해서는 James H. Charlesworth, *The Beloved Disciple: Whose Witness Validates the Gospel of John?* (Valley Forge, PA: Trinity Press International, 1995)이 철저하게 조사해 두었다.

이러한 시도가 헛된 것은 아닌가? 제임스 H. 찰스워스(James
H. Charlesworth)는 이 주제에 대한 최근의 연구에서, 애제자의
정체가 의심하는 도마라고 주장했다. 애제자가 빈 무덤과 예
수의 머리를 싸맸던 수건을 본 후에야 '믿었다'는 점이 주요
근거다(요 20:8). 그러나 비단 찰스워스뿐만 아니라, 애제자를
요한복음에 등장하는 인물들과 연결하려는 모든 시도는 언
제나 불확실한 추측만이 가능할 뿐이다. 이 복음서 본문은
다른 대안들에 대해서도 동등한 증거를 제공하기 때문이다.
복음서의 표현들은 의도적으로 예수가 사랑하셨던 불가사
의한 그 제자의 정체에 대해 확신할 수 없게끔 하려는 것처
럼 보인다.

　왜 이야기가 이렇게 도발적인 방식으로 쓰였을까? 권위
있는 목격자를 찾으려는 노력은 차치하고라도, 그런 사실은
적어도 이 책이 역사적 증언에 기초한 목격에 따른 것이라는
복음서 스스로의 주장에 큰 의문을 남긴다. 애제자와 관련한
수수께끼는 복음서 본문에서 다양한 기능을 한다. 권위 있는
목격자에 대한 탐구는 적어도 독자로 하여금 요한복음이 종
종 보도하는, 성부의 진실한 목격자라고 주장하는 한 분(예수)
과의 만남을 의아하게 만든다. 이러한 주장은 좀 더 강력하
게 제기될 수 있다. 요한복음은 이러한 만남을 **획책**(engineer)

하려 한다. 복음서의 내러티브 수사학의 핵심에 있는 이 목표에 대해서는 조금 더 집중적으로 다루어야 한다. 그러나 지금 단계에서는 그저 이러한 만남에 대해서 일반적인 의미에서 생각해보는 것만으로도 의의가 있다. 애제자의 정체를 찾고자 노력하는 독자들은 예수와 만났던 1세기 갈릴리와 유다의 많은 남성과 여성의 이야기를 듣는다. 이러한 만남들은 독자들로 하여금 말씀(Word)과 자기 자신의 관계에 대해 생각해보게 한다.

변화시키는 만남들

만약 우리가 요한복음을 일종의 드라마라고 생각한다면, 예수는 크게 두세 개 정도의 '막'들과 그 안에 있는 일련의 장면에서 다른 인물들과 교류한다고 볼 수 있다. 그중 몇몇의 만남에서는 생생한 세부 내용이 제시되고, 몇몇에서는 대략적인 내용만 나오지만, 이 모든 이야기들은 변화의 요소들을 포함하고 있다.

요한복음의 가장 매력적인 장면 몇 가지는 예수의 추종자거나 곧 추종자가 되는 여성들과의 만남이다. 2장에서 예수는 문제가 발생한 혼인 잔치를 어떻게 도울 것인지 어머니와 논의한다. 예수가 두 번째로 만나는 여성은 4장에 등장한다. 예수는 야곱의 우물 근처에서 사마리아 여인을 만난다. 이것은 작은 일화이지만 아주 놀라운데, 해당 여성의 지향점을 중대하게 변화시키기 때문이다. 이야기의 배경은 이 일화의 드라마적 잠재성을 이해하는 데 중요하다. 예수는 우물에서 그녀를 만난다. 우물이라는 장소는 고대의 족장들, 즉 이삭과 야곱, 모세가 각자의 신부를 발견했던 장소이다.[11] 달리 말하면, 이 장면은 로맨틱한, 심지어는 에로틱한 분위기로 채색되어 있다. 예수와 사마리아 여인 간에 발생하는 일은 여러 가지 방식으로 이해할 수 있다. 이 드라마 작가는 극의 감독과 배우들, 혹은 말하자면, 독자와 청자들이 등장인물들에 살을 붙이게끔 어느 정도 여지를 남긴다.[12] 다른 부분들이 어떻게 연기되더라도, 설령 사마리아 여인이 교태를 부리거나 저항하더라도, 그녀와 예수 사이에는 흥미로운 끌림이 있다. 그 세부 내용이 어떻든 두 사람의 만남은, 족장들이 아내를 발견했던 우물이라는 장소가 주는 당초의 고정관념과는

11. 창 24:11; 29:2; 출 2:15을 보라.
12. 요한복음의 이 단락과 여기서 사용한 문학적 기교에 대해서는 Harold W. Attridge, "The Woman at the Well: A Woman Transformed," Steve Hunt, Francois Tolmie, Ruben Zimmermann, eds., *Character Studies in the Fourth Gospel: Narrative Approaches to Seventy Figures in John* (Wissenschaftliche Untersuchungen zum Neuen Testament 2.314, Tübingen: Mohr Siebeck, 2013), 268-81을 보라.

반대되는 방식으로 진행된다.

예수는 그녀를 얻으려고 하지 않는다. 도리어 예수는 그녀로 하여금 예수 자신, 그가 제공하기로 한 '생명의 물'을 추구하게끔 만든다. 이 과정에서 그는 자신이 가지고 있는 초자연적인 능력을 보인다. 예수는 이 여인을 처음 만났지만, 그녀가 어떤 사람인지, 또 그녀의 다소 난잡했던 성생활이 어땠는지 알고 있다. 예수의 이러한 능력은 그녀의 마음을 어지럽게 하지만, 동시에 그녀가 이 신비로운 불청객에 대해 더 알고 싶어지게끔 유혹한다. 대화가 끝에 다다랐을 때, 이 다소 냉담하지만 점점 매력적인 불청객에 대한 사마리아 여인의 최초 반응은 찾는 이(seeker)에서 특사(emissary)로 바뀐다. 그녀가 혹시나 이 기묘하게 통찰력 있는 예언자적 인물이 예견된 메시아는 아닐까 하고 의심하게 됐을 때(요 4:29), 비록 그렇게 믿지는 않았지만, 그녀는 '인식'의 순간을 경험한다. 그녀가 이러한 깨달음에 도달했을 때, 그녀는 사마리아인들을 향한 자신의 첫 번째 임무를 수행하여 많은 이들을 전도하고 예수를 믿게 한다.

이 복잡한 내러티브는 다양한 종류의 해석을 불러일으킬 수 있지만, 여기서는 두 가지 점에 집중하는 것만으로도 충분하다. 하나는 역사적 해석이고, 다른 하나는 드라마적 해석이다. 이 본문이 예수의 메시지가 전통적인 유대 민족의 범위를 넘어 그 밖으로까지 전달됐음을 말해주는 유용한 증거가 될 수 있을까? 아마도 그럴 것이다. 그러나 이것은 마태복음이 전하는 내용, 즉 예수가 자기 제자들에게 사마리아인들에게는 전도하러 가지 말라고 명령했다는 것과 반대되며, 예루살렘으로부터 헬라인들이 흩어지면서부터 사마리아인들에 대한 선교가 시작됐다고 말하는 사도행전과도 충돌한다. 이러한 사실에 요한복음 사가는 '아니'라고 말하며, 이스라엘을 벗어난 선교의 시작이 예수로부터 시작됐다고 보도한다. 그러나 만약 애제자의 중요성에 대한 우리의 해석이 옳다면, 요한은 딱히 그러한 '역사적' 주장에 관심을 두는 것 같지 않다. 요한은 개인이 예수와 만났을 때 어떤 일이 발생하는지에 훨씬 더 많은 관심을 두고 있다. 무엇보다도 이런 에피소드가 묘사하고 있는 것은 과거의 만남이 아니라 어떤 종류의 상황에도 독립된, 진리와의 드라마적인 만남이다. 요한복음은 말씀과의 만남에서 육체적인 호기심이 복음으로 변화하며, 상대를 유혹하려는 에로스가 적극적인 선교로 변화할 수 있다고 주장한다. 우물가에서 사마리아 여인에게 일어난 인식 장면은, 요한복음에 따르면 예수를 진실하게 대면하는 어느 누구라도 경험할 수 있다. 예수는, 아리스토텔레스가 말한 신처럼, 부동의 원동자(the Prime Mover)로서 '갈망의 대상'이 됨으로써 다른 이들을 변화시키는 분이다.

다음으로 나오는 여성과 예수의 주요한 만남은, 복음서 초반부, 혹은 첫 번째 막에서 마지막 두 번째 장면으로, 예수가 나사로의 일을 처리하러 베다니에 갔을 때의 일이다. 물론 이 이야기의 주된 관심사는 나사로를 일으킨 '표징'일 것이다. 또한 나사로가 소생하는 것은 전체 드라마의 플롯에서 전환점이 되어 예수에 대한 반대를 심화시키게 된다(요 11:49-51, 12:18-19). 그러나 그만큼 중요한 것은 두 여성, 나사로의 자매인 마리아와 마르다가 예수와 만나는 장면이다.

예수와 두 자매와의 만남 이야기는 누가복음 10:38-42에 병행 본문이 있다. 누가복음에서는 많은 일을 하느라 바쁜 마르다와 예수의 발치에 앉아 그의 가르침을 귀 기울여 듣는 마리아를 확연하게 대조한다. 이 짧은 이야기의 요점은 분명하다. 예수는 마리아의 선택을 지지하며 그녀가 택한 '그 좋은 부분'은 빼앗기지 않을 것이라고 말한다(눅 10:42). 요한복음의 마르다와 마리아 이야기를 연구해온 해석자들은 요한의 본문에 누가의 내러티브와 어떤 상호텍스트적(intertextual) 시도가 있는지 궁금해해 왔다. 요한은 누가복음의 이야기를 알고 있었을까? 요한은 그의 청중이 이미 그 이야기를 알고 있고, 마리아와 그녀의 행위가 강조되며 어떻게든 지지받을 것이라고 전제했을까?[13]

예수와 두 자매의 만남에 대한 보도는 다음과 같은 방법으로 이야기를 전한다. 마르다와 마리아는 예수가 어떤 분이신지에 대해 고백한다. 그녀들의 고백은 야곱의 우물가 부근에 있던 사마리아 여인과 유사하지만 조금 더 신학적으로 발전된 것처럼 보인다. 처음에 마르다는 예수가 그들 곁에 계셨다면 나사로를 구할 수 있었을 텐데 그렇지 못했다며 예수를 비난한다(요 11:21). 그러나 예수가 원하는 것은 무엇이든 하나님께서 주실 것이라는 믿음을 고백한다(요 11:22). 예수는 나사로가 다시 살아날 것이라고 약속하고, (신앙이) 좋은 유대인이었던 마르다는 나사로가 마지막 날에 부활할 것이라는 점에 동의한다(요 11:24). 예수는 그의 유명한 선언, 자신이 부활이며 생명이라는 말로 대답한다(요 11:25). 이 말에 마르다는 예수가 그리스도이며, 하나님의 아들이라는 고백으로 답한

---

13. 이 일화에 대한 최근의 연구로는 Wendy E. Sproston North, *The Lazarus Story within the Johannine Tradition* (Journal for the Study of the New Testament Supplement Series 212, Sheffield: Sheffield Academic Press, 2001); Francis Moloney, "Can Everyone be Wrong? A Reading of John 11.1-12.8," *New Testament Studies* 49 (2003): 505-27을 보라.

다. 이는 마태복음 16:16에서 베드로가 가이사랴 빌립보에서 했던 고백을 상기시키는 것이다.

만일 이 장면이 드라마 공연에 사용됐고 누군가 감독이 되어 이를 지도했다면, 그는 아마도 마르다와 마리아의 차이를 부각시키기 위해서 마르다 역을 하는 여성 배우에게 다소 빈정대는 말투로 연기하여, 부활을 현재적 사건으로 만들겠다는 예수의 기이한 주장을 묵살하라고 요청했을 것이다. 이는 솔깃한 제안이지만, 사실 마르다의 말이 이런 방식으로 읽혀야 한다는 분명한 지시문은 없다.

마르다와 마리아의 차이에 관해서는, 마리아가 무대로 올라오는 장면에서 하나의 힌트가 드러난다. 마리아는 마르다가 말했던 것과 동일하게, 예수가 거기 함께 계셨다면 나사로는 죽지 않았을 것이라고 말한다(요 11:32). 그러나 많은 세부 사항들에서 예수에 대한 마리아의 반응은 마르다의 그것과 구별된다. 마리아는 예수의 발치에 주저앉아서 사실상 몸의 제스처로 중요한 사실을 인식한다. 이는 마르다가 마지못해 했던 고백 속에서 스스로 깨달았던 사실, 즉 예수 안에서 찬양받으셔야 할 한 분을 만난다는 점에 대한 인식이다. 마리아는 또한 눈물을 흘린다. 그녀의 슬픔은 예수가 누구신지에 대한 그녀의 인식과 마찬가지로 구체적이다. 그녀의 감

정은 예수 자신으로부터 감정적인 반응을 이끌어내어 예수 또한 비통해하며 눈물을 흘린다(요 11:33, 35). 우리는 다음에 어떤 장면이 나오는지 다 알고 있다. 예수는 나사로를 무덤에서 불러내어 회복시킨 후 그의 가족에게 다시 보낸다.

혹자는 요한복음의 부활 이해와 관련해 이 이야기가 가진 함의에 대해 우려할 수도 있겠다. 그러나 지금 우리의 이야기에서 그것은 중요한 주제가 아니다. 예수에 대한 마르다와 마리아의 반응이 중요하다. 이제껏 회자된 바로는, 마르다는 매우 표면적이고, 아마도 심지어는 빈정대며 '믿는 이'이지만, 두 자매 간의 차이점은 다소 감지하기 어렵다. 여기서는 누가복음에서와 같은, 마르다와 마리아 사이의 확연한 차이는 찾아보기 어렵다. 사마리아 여인의 변화에서 나타난 것처럼, 통찰력을 갖거나 깨닫게 되는 '아나그노레이시스' 같은 것이 등장하지도 않는다. 적어도 11장에서는 말이다.

그러나 무대 위에서 마리아의 시간은 아직 끝나지 않았다. 그녀는 다음 장에서 한 번 더 등장한다. 마리아는 매우 값진 나드 향유를 예수의 발에 붓고 자기 머리털로 그 발을 닦는다(요 12:3). 예수는 유다의 구두쇠 같은 불평에 대답하며, 그녀가 자신의 장례를 위해 준비한 것이라며 그녀의 행동을 칭찬한다.

요한복음의 이 이야기는 공관복음에 병행 본문이 있다. 익명의 여인이 예수의 유월절 최후의 만찬 전에 비슷한 일을 한 이야기 말이다. 마가와 마태가 이를 보도하는데(막 14:3-9; 마 26:6-13), 이 이야기는 바리새인 시몬의 집이 있는 베다니에서 발생한다. 누가도 이 이야기를 알고 있었지만, 그는 이 사건이 이름이 알려지지 않은 장소에서 더 일찍 일어났다고 보도한다(눅 7:36-50).

요한의 이 이야기에서 사용된 자료가 무엇이든, 그의 가장 주요한 각색은 이를 마르다의 누이인 베다니의 마리아의 이야기로 만들었다는 점이다. 후대의 해석가들은 요한의 이야기와 누가의 이야기를 혼합했다. 누가의 이야기에는 그녀가 막달라 마리아였다는 언급이 있는데(눅 8:2), 이를 근거로 베다니의 마리아가 막달라 마리아와 같은 사람이라고 주장한 것이다. 그러나 이러한 문제가 많은 후대의 융합에 대해 이야기하기에는 시간이 부족하다.

마리아가 예수의 발에 향유를 붓는 이야기는 요한복음에서 속편(sequel)으로서, 혹은 이전 장에 나왔던 마르다와 마리아 이야기의 결론으로서 기능한다. 여기에서 마리아는 마르다와 구별된다. 또한 여기서 비로소 마리아는 변화된 인식을 경험했음을 드러낸다. 이는 요한식 드라마의 핵심이다. 또한 여기에서 누가복음에 대한 요한의 반응이 확실해진다. 누가의 버전에서처럼, 마리아는 '참 좋은 몫을 택했다.' 그러나 참좋은 몫이라는 것이 예수의 곁에 앉아서 그의 가르침을 듣는 것뿐인가? 요한은 그렇지 않다고 말한다. 이 세상에 오신 그리스도에 대한 고백, 그리고 부활이요 생명이신 이에 대한 고백이 예수의 죽음에 대한 인식 및 참여와 긴밀하게 엮인다.

부활한 날의 인식들

이제까지 우리는 요한복음에 나타난 예수와 몇몇 인물들의 드라마적 만남에 대해 살펴보았다. 우리가 이러한 길을 걸은 것은 부분적으로 요한복음이 역사 안에서 독자들과 관계 맺어왔기 때문이다. 이러한 관계 맺음은 다소 아이러니하지만, 요한복음이 아이러니를 즐겨 사용하는 것을 고려할 때, 별로 놀랍지는 않다. 우리는 역사와 관계 맺는다. 그러나 단순히 목격자의 증언을 읽음으로써가 아니라, 예수가 기억된 과거의 다른 인물들과 상호작용하는 것을 관찰함으로써 이 관계 맺음이 이루어진다. 복음서의 독자인 우리는 예수와 그의 제자들이 겪었던 일들에 직접 접근할 수는 없다. 우리는 단지 문학적 특성화(characterization), 즉 드라마적인 복음

사가가 사용 가능했던 전승들을 창조적으로 변용하고 재구성한 것을 통해서만 이에 접근할 수 있다. 예수와의 만남은 예수가 만난 사람들로 하여금 그에 대한 진실을 인식하게 하고, 또한 그들 자신에 대한 진실도 인식하게 하며, 이에 따라 반응하게 한다.

요한복음 20장은 인식 장면들로 가득한데, 이 장면들은 이 드라마 방식에 꽤 정확히 들어맞는다. 예수가 부활하신 날의 아침과 그다음 주에, 네 명의 제자들은 부활하신 주님과 일종의 만남을 갖는다. 각각의 만남은 '표징'에 의해 야기되는데, 이때 표징이란 가장 전통적으로 드라마적인 의미에서, 어떤 것을 드러내는 물질적 표시다. 베드로와 애제자는 무덤이 비었다는 막달라 마리아의 말을 듣자마자 무덤으로 달려간다. 그들은 실제로 무덤이 빈 것과 예수의 머리를 싸맨 수건이 잘 개켜져 있는 것을 발견한다. 이러한 장면을 목격한 것과 그 표시들은 애제자에게 충분한 표징이었다. 그는 "믿었다"(요 20:8). 베드로는 그렇게 눈치가 빠르지는 못했던 것 같다.

이런 전개 끝에 이르러, 도마는 예수의 몸에 남겨진 못과 창의 상흔을 눈으로 보았고, 예수에 대한 자신의 의심을 극복한다. 도마가 예수의 몸을 실제로 본 사건은 부활하신 이

를 직접 볼 수 없는 모든 이들을 향한 하나의 가르침을 제공
해준다(요 20:24-29). 다양한 정도의 신학적 교양과 눈치를 가
진 남성 제자들의 이야기 사이에 무덤에서의 막달라 마리아
이야기가 있다. 이제 나는 이 이야기에 주목해보려고 한다.

　베다니의 마리아와 마찬가지로, 사도들에게 소식을 전한
후 무덤으로 돌아온 막달라 마리아는 예수를 두 번이나 잃었
다는 점 때문에 슬피 운다. 예수는 죽었다. 그의 시체는 사라
졌다. 절망에 쌓여서, 그녀는 동산지기인줄 알았던 이에게
소리 질러 묻는다. 당신이 예수의 시체를 옮겨갔거든 어디에
다 모셨는지 알려달라고. 그가 응답하며 말한 한 단어는 마
리아가 인식의 순간, 즉 '아나그노레이시스'를 위해 필요했
던 표시였다. 예수가 "마리아야"하고 부르시자 마리아는 의
심의 여지없이 기쁜 마음으로 안도하며 "랍부니!", 즉 "나의
선생님"이라며 응답한다. 요한복음 10장에 나왔던 이미지처
럼, 자기 양을 위해 목숨을 바치는 목자는 그녀의 이름을 부
른다. 신의 있는 양처럼, 그녀는 목자의 목소리를 알고 있고
이에 응답한다.

　지금까지는 아주 좋다. 아직까지는 정말 좋은 드라마이
다. 그러나 이 장면은 부활하신 이를 기분 좋게 인정하는 것
으로 끝나지 않는다. 두 번째 단계의 인식이 뒤따른다. 마리

아는 그녀가 사랑한 분께 다가가려 하지만, 그러지 못하게
제지당한다. 많은 예술가들에 의해 묘사되고 라틴어로 번역
된 제목이 붙은 이 장면에서 마리아는 그를 만지지 말라는
소리, '놀리 메 탄게레'(*Noli me tangere*)를 듣는다. 독자들은 종
종 궁금해해 왔다. 무엇이 그들을 가로막는가?[14] 마리아가 죄
인이었기 때문에 예수를 만질 수 없는 것인가? 아직 종말론
적 사건이 진행되고 있으며 이것이 완성되기 전에 예수가 아
버지께로 돌아가야 하기 때문에 누군가 예수의 몸을 아직 만
져서는 안 되는 것인가? 혹은 1세기 말의 어떤 교회 내 정치
적 상황이 여기 반영된 것인가? 요한복음이 가진 목적이 마
리아와 이를 넘어 모든 여성의 역할을 폄하하는 것인가?

  만약 이 이야기의 배후에 어떤 전승이 있다면, 위에서 말
한 이유들 중 한두 개가 예수의 명령의 기저를 이룰지도 모
른다. 그러나 요한은 정결에 대한 문제나 얼마 전에 부활하
신 이의 한계 상태에 대해 관심을 두었던 것 같지는 않다. 어
쩌면 요한복음을 기록하던 당시의 상황이 기록됐을 수도 있
다. 마치 21장에서 베드로와 애제자에 대한 묘사가 대조되는

---

14. Harold W. Attridge, "Don't be Touching Me: Recent Feminist Schol-
   arship on Mary Magdalene," in A. -J. Levine, ed., *A Feminist Com-
   panion to John* (Cleveland: Pilgrim, 2003), 2:140-166을 보라.

것처럼 말이다. 그러나 만약 그랬다면, 여성의 역할에 대한 묘사는 아마도 남성우월적 시각에서 마리아의 역할을 훨씬 축소하여 그렸을 것이다.

마리아를 향한 예수의 명령의 요점은 이 구절의 마지막에 나타난다. "너는 나의 형제들한테로 가서 그들에게 말해라. '나는 나의 아버지 곧 너희들의 아버지, 나의 하나님 곧 너희님께로 올라간다' 하고 말이다"(요 20:17). 마리아가 경험한, 부활하신 이에 대한 인식의 초점은 죽은 몸에 생명이 다시 돌아온 기적에 있는 것이 아니라, 살아 계신 예수와, 그가 연유한 아버지와의 연합에 있다. 부활하신 이에 대한 인식은 개인적인 사색이나 혼자만의 기쁨으로 끝나지 않고 사명/선교를 낳는다. 예수와 만나는 것은 야곱의 우물에서 그랬던 것처럼 다른 이들에게 전파된다. 익명의 사마리아 여인에게 있어서 예수가 메시아일 수도 있다는 인식은 자신의 동족 사마리아인들에게 이러한 내용을 전하게끔 했다. 막달라 마리아에게 있어서 그녀가 부활하신 선한 목자의 음성을 들은 것은, 사실상 3세기에 로마의 히폴리투스가 말했듯이, 마리아를 '사도들을 위한 사도'로 만들었다.

제4복음서의 드라마적 만남들은 그리스 문학에서 신비로운 타자나 알려지지 않은 자아를 발견하게 되는 등장인물들을 그려내는 오랜 전승을 반영하고 있다. 그러나 요한복음 속의 만남들에는 일련의 함의들이 흐르고 있는데 이는 이 드라마 이야기의 독특한 점이다. 예수가 누구신지를 인식하는 것은 단순히 예수의 정체를 아는 것을 넘어 그의 죽음이 갖는 의미와, 죽음에서 승리한 예수가 하나님과 공유하게 되는 연합에 대해 깨닫는 것을 말한다. 이러한 진리를 인식하게 되면, 사마리아 여인에게 약속된 것처럼, 비로소 영과 진리로 예배하게 된다(요 4:23).

예수와의 만남을 인도하는 사람으로서의 애제자

이제껏 우리는 다양한 드라마적 만남들과 제4복음서의 드라마에 내재한 '인식들'에 대해 살펴보았다. 이러한 만남들에는 요한복음의 저자가 '역사' 속의 그의 청중들과 관계 맺고 있다는 점이 중요한 사실로 반영되어 있다. 요한은 과거 자체를 위한 혹은 믿음을 위한 보증으로서의 과거에는 별로 관심이 없다. 요한은 여전히 살아 있는 기억으로서의 과거에 관심이 있다. 이런 점을 볼 때 요한은 과거의 기억들을 생생하게 재구성하여 그들의 청중과 관계 맺으려 했던 고대의 몇몇 역사가들과 별반 다르지 않다. 고대 역사기록학을 연구하는 학자들은 심지어 과거에 '비극 연출' 역사가들로

구성된 '학파'가 존재했다고 주장하기도 했다. 학자들에 따르면 그러한 역사가들은 아리스토텔레스의 드라마 이론을 자신들의 역사 기록에 적용하려 애썼다고 한다. 물론 우리는 고대 역사가들이 드라마적인 효과를 내기 위해 애썼다는 이 역사적 가설을 굳이 받아들일 필요는 없다. 이런 류의 노력은 성서 전통에도 나타난다. 가령 이러한 류의 완벽한 전형을 보여주는 역사가로, 마카비2서의 저자가 있다. 그 책은 아마도 기원전 2세기의 후반부에 쓰였던 것 같다. 마카비2서의 저자는 "이 책을 읽는 사람들에게 흥미를 주고자" 글을 썼다고 말할 뿐 아니라, 자신의 노력을 장식하는 사람의 것에 비유하여 '살아 있는 인물을 그려내려 한다'고 말한다.[15] 만일 요한복음 저자가 고대의 역사 기록학과 어떤 관련이라도 있다면, 이는 그들의 방식을 따라 과거의 일을 드라마적으로 표현한 것일 수 있다.

그러나 요한복음 저자가 하고 있는 작업과 가장 유사한 것은 드라마 그 자체이며, 이 단락을 마무리하면서 나는 이 점을 한 번 더 짚고 싶다. 나는 애제자라는 인물에 대해 다시

---

15. 마카비2서 2:25, 29. 마카비2서에 대한 최근의 연구를 위해서는 Robert Doran, *2 Maccabees: A Critical Commentary* (Hermeneia, Minneapolis: Fortress, 2012)를 보라.

논의하려 한다.

나는 앞서 애제자라는 인물이, 요한복음 연구사에서 일반적으로 인정되지 않은 것 중 적어도 하나의 역할을 수행하고 있다고 주장했다. 정체가 확인되지 않은 이 제자는 수수께끼를 던져서 독자들이 이를 풀게 하고, 복음서 본문으로 다시 돌아오게끔 초대한다. 독자들이 이 수수께끼를 가지고 무엇을 하든지, 그들은 아마도 또 다른 주요한 목격자, 즉 성부에 대한 유일하고 참되고 믿을 만한 목격자를 우연히 발견하게 될 것이다. 그렇게 된다면 복음 사가는 분명하게도 만족할 것이다. 그러나 만일 요한이 드라마 작가처럼 생각한다면, 가령 아리스토텔레스의 『정치학』(*Poetics*; 그린비 역간, 2023)에 그려진 드라마 작가처럼 생각한다면, 그는 아마도 독자들이 어떻게 애제자를 이야기의 주요한 다른 인물들과 연결시킬지에 대해 조금은 궁금해할 것이다. 독자들은 거의 예수의 운명에 대해 동정하거나 두려워하지 않을 것이다. 예수는, 아리스토텔레스가 고전 드라마에서 묘사한 인물들처럼, 가령 두 눈이 먼 오이디푸스처럼 비극적인 영웅도 아니고, 펜테우스처럼 거만하거나 둔하지도 않다. 물론, 예수에 대한 묘사도 얼마간 다른 문학의 인물들의 묘사를 모방했을 수 있다. 그러나 그의 이야기는 하나의 전 우주적인 이야기여서,

복음서의 청중은 이에 경탄과 경외심으로 반응한다. 이 이야기는 독자를 초대하지만, 그들을 주인공의 자리에 두지는 않는다.[16]

요한복음 사가가 그려내는 내러티브는 다른 초기 그리스도교 선생들이 마주했던 것과 동일한 곤경을 여러 면에서 겪는다. 역사적 예수 연구를 그리스도교 신앙의 근거로 만들고자 하는 현대의 시도들이 보여준 것처럼, 예수는 실제로 예언자적인 선생이었다. 예수의 제자들 또한 실제로 그의 가르침을 따르고 그가 보인 모범을 모방하도록 부르심을 받았다. 이는 모든 세대의 설교자들이 자기 제자들에게 요청하는 바와 같다. 그러나 그리스도교 신앙의 예수는 예언자나 현자보다는 더 특별한 존재다. 첫 번째 세대의 그리스도인들은, 소속된 집단 혹은 공동체에 따라 이러한 '더 특별함'을 설명하는 다른 신조를 가지고 있었다. 어떤 이들에게 예수는 승천한 메시아였고, 다른 이들에게는 성육신한 지혜였다. 요한은 후자 쪽 어딘가에 속한다고 볼 수 있다. 전자의 입장이든 후자의 입장이든, 이러한 시도들은 예수를 단순한 윤리적 교사

---

16. George Parsenios, "No Longer in the World (John 17:11): The Transformation of the Tragic in the Fourth Gospel," *Harvard Theological Review* 98 (2005): 1-21을 보라.

의 모델로서 이해하기는 어렵다는 것을 보여준다. 이러한 시
도들 중 적어도 하나 이상의 방식에 대하여 이미 잘 알고 있
었던 사도 바울은,[17] 자기가 세운 교회들이 예수의 발자국을
따르기 원했지만, 앞선 두 가지 방식보다 더 손쉽게 따라할
수 있는 행동의 모범을 제공했다. 달리 말해, 바울은 자기 자
신의 신앙을 닮으라고 말했다.

요한복음도 비슷한 행동을 보인다. 요한은 청중들이 "정
체를 확인할 수 있는" 인물을 등장시키는데, 이 인물의 이야
기는 청중들이 자기 자신의 이야기로 읽을 수 있는 내용이
다. 이 인물은 청중으로 하여금 예수와의 관계를 맺을 수 있
도록 하며, 이야기의 다른 인물들에 의해 예시를 보여준, 일
종의 드라마적이고 변혁적인 만남을 경험하게끔 독려한다.
이 등장인물은 물론 애제자다.

복음서의 시작 부분에서는 비록 애제자가 익명의 인물들
중 하나로 숨어 있지만, 애제자는 2막, "영광의 책" 또는 복
음서의 후반부에 등장한다. 그는 명백하게도 최후의 만찬 자
리에서 예수의 바로 곁에 기대앉아 있었다(요 13:23). 그는 십

---

17. 승귀주의자(exaltationist)의 입장에 대한 반영으로는 로마서 1:3을 보
　　라. 그리고 빌립보서 2장의 찬가는 성육신주의자의 입장을 반영하고
　　있다.

자가 처형의 현장에 있었으나(요 19:25-27), 제자들이 예수를 배신하고 두려움에 싸여 도망간 것을 묘사하는 수난 설화의 다른 부분들에서는 애제자의 이름이 등장하지 않는다. 십자가에 달린 예수의 발치에서, 애제자는 예수로부터 그의 어머니를 부탁받고, 그녀를 곁에서 섬기게 된다. 따라서 애제자는 예수의 입양된 형제가 되며, 그의 가족과 아주 친밀한 사이가 된다. 우리가 앞서 보았듯, 이 애제자는 부활의 아침에 빈 무덤에도 있었으며, 빠르게 이 발견의 중요성에 대해 인식한다(요 20:3-9). 사실상 애제자는 완벽한 제자로서 할 수 있는 모든 일을 했다. 최후의 만찬에 동석했으며, 십자가의 현장을 지켰고, 부활을 목격했다. 애제자라는 인물의 배후에 놓인 역사적 실체가 무엇이건, 이 인물의 문학적 역할은 훨씬 흥미롭다. 그가 독자들을 골탕 먹여 드라마로 다시 끌어들이든, 독자들이 확인할 수 있는 인물로 거기 남아있든 말이다. 독자는 상상을 통해 애제자의 입장에서 생각해 봄으로써 예수와 함께 거한다는 것의 의미를 깨닫기 시작하며, 요한복음이 원하는 대로 역사를 마주하기 시작한다. 과거를 어떤 객관적인 사건, 즉 과거에 멈추어 있는 어떤 것으로 보려는 시도로는 이를 이해하기 어렵다. 이는 변혁적인 진리를 구현하고 있고, 영원한 드라마의 이야기 속에 필연적으로 등장하는 어떤 인물과의 관계 맺음으로써 이루어진다.

요약하자면, 우리는 요한복음 연구에 있어서 문학적 연구로의 전환에 대해 이야기한 부분을 이 장에서 좀 더 연장하여 다루었다고 할 수 있다. 우리는 장르로 요한복음을 이해할 때 어떤 함의들이 도출되는지를 알아내려 애썼다. 또한우리는 요한이 사용하는 문학적 장치에 관심을 기울였다. 특히 그가 예수와 복음서 청중과의 드라마적인 만남을 그려내고 또 만들어내려고 시도하는 방식들에 대해 살펴보았다. 이책의 마지막 장에서 우리는 요한 신학이 의미하는 바를 탐구하는 것으로써 이 작업을 계속할 것이다.

제3강
제4복음서에서의 신학 하기

제4복음서와 이 책의 내러티브 수사학에 대해 살펴보면서, 우리는 전통적인 역사비평과 문학적 성격에 관심을 두는 접근 사이의 차이를 고려해 보았다. 이러한 방향에서, 우리는 요한복음이 드라마라고 이야기했다. 이 드라마는 어느 정도 시적인 도입부를 가졌고, 드라마적 아이러니를 사용하며, 등장인물 간의 상호작용과 그들의 인식 장면에 관심을 두고 있다. 나는 요한복음 전체가 그 청중으로 하여금 등장인물들과 유사하게 '아나그노리시스'(*anagnorisis*)의 순간을 경험하게끔 하려고 시도한다고 주장했고, 그러한 시도가 요한복음의 '내러티브 수사학'을 구성한다고 주장했다. 이러한 만남은 요한복음 고유의 신학적 주장을 새롭거나 더 깊게 이해할 수 있게 인도하도록 고안됐다. 이 책의 마지막 장은 이러한 요한의 신학적 주장에 대해 살펴보고, 복음서의 전체 맥락에 대해 다시 돌아볼 것이다.

어떻게 하나님을 알 수 있는가

우리가 신학자로서 요한복음을 대할 때 우리는 어떤 일을 하는가? 우리는 아마도 복음서 본문이 말하는 하나님의 특성에 대해 살펴볼 것이다. 가령, 하나님이 어떻게 알려지시는지, 혹은 어떻게 하나님이 창조 사건과 관계하시는지에 대해서 알아볼 것이다. 하나님은 인간의 결정을 미리 예정하시는가, 혹은 인간이 자유로이 선택하게끔 내버려 두시는가? 이런 질문들은 그리스도교 조직 신학에서 다루는 전통적인 질문들로서, 복음서들 내의 긴장들을 다루며 그들의 기본적 확언에서부터 추론함으로써 많은 이론을 발전시켜 왔다.[1] 고대 후기의 삼위일체에 대한 논쟁과 그리스도론 논쟁

---

1.   요한복음에 대한 현대 신학의 이해를 살펴보기 위한 유용한 개론서로는, Richard Bauckham and Carl Mosser, eds., *The Gospel of John and Christian Theology* (Grand Rapids: Eerdmans, 2008)를 보라. 요한의 신학에 대한 최근의 포괄적 이해를 다룬 책으로는 Jörg Frey, *Glory of the Crucified One: Christology and Theology in the Gospel of John*

들은 분명하게도 제4복음서의 암시, 즉 인간인 예수가 하나
님의 말씀과 만난다는 내용에 대한 논의를 반영하고 있다.
당시의 신학자들은 물었다. 우리는 예수 안에서 하나님 자신
을 만나는가? 혹은 우리는 예수 안에서 하나님의 피조물을
만나는가? 이러한 질문들은 보혜사, 곧 믿는 자들을 가르치
고 위로해주는 진리의 영과 만나는 것에 있어서도 동일하게
제기될 수 있다. 우리는 성령 안에서 하나님을 발견하는가?
혹은 신적인 힘의 창조된 임재를 경험하는가? 이런 물음들
이 해결된다 해도, 우리는 아마 요한복음에서 전해지는 예수
의 모든 이야기가 진실로 인간의 이야기인 동시에 어떤 부분
에서만 신적인 이야기인지, 아니면 에른스트 케제만의 말처
럼 예수는 "지표면을 거니는 신"(God walking over the face of the
earth) 같은 존재여서 그의 발에는 이 인간 세계의 먼지조차
도 닿지 않은 것인지[2] 질문해야 한다. 이러한 모든 질문들은

(Waco, TX: Baylor University Press, 2018)과 동일한 저자의 *Theology and History in the Fourth Gospel: Tradition and Narration* (Waco, TX: Baylor University Press, 2018) [= 『요한복음의 신학과 역사』, 새물결플러스, 2022]을 보라.

2. Ernst Käsemann의 입장에 대한 비판으로는, Udo Schnelle, *Antidocetic Christology in the Gospel of John*, trans. Linda M. Maloney (Minneapolis: Fortress, 1992). 이 책의 영어 번역서로는 *Antidoketische Christologie im Johannesevangelium* (Forschungen zur Religion und

오랫동안 주석가들의 강한 흥미를 불러일으켰다. 개인적으로는 요한이 비록 완벽히 분명한 형태로는 아니더라도 정통 삼위일체 교리의 특징이 되는, 일종의 신격(Godhead)을 주장하고 있는 것처럼 보인다.[3] 나는 또한 예수라는 한 분 안에 두 개의 본질이 존재했다는 칼케돈 신조가 예수에 대한 요한복음의 견해의 복잡성을 드러내는 데 나쁘지 않았다고 본다. 그뿐 아니라 나는 요한복음은 예정이라는 교리를 지지하지 않으며, 오히려 인간의 자유의지와 이에 수반하는 인간의 판단에 여지를 두고 있다고 믿는다.[4] 그러나 이 강연에서는 철학적 신학의 전제 및 관심사로 특징지어지는 후대의 교부 논쟁이나 종교개혁 시기의 논쟁 같은 것은 다루지 않겠다. 그보다도 우리의 초점은 내러티브 수사학과 요한복음이 주로 말하려 하는 중심적 신학 주제에 맞추어질 것이다.

Literature des Alten und Neuen Testaments 144, Göttingen: Vandenhoeck und Ruprecht, 1987)을 보라.

3.   Harold W. Attridge, "Trinitarian Theology and the Fourth Gospel," in Christopher Beeley and Mark Weedman, eds., *The Bible and Trinitarian Theology* (Notre Dame, IN: Notre Dame Press, 2018), 71-83을 보라.

4.   Harold W. Attridge, "Divine Sovereignty and Human Responsibility in the Fourth Gospel," in John Ashton, ed., *Revealed Wisdom: Studies in Apocalyptic in Honour of Christopher Rowland* (Leiden, New York: Brill, 2014), 183-199을 보라.

나는 요한복음 사가의 가장 큰 관심은 존재론(ontology)이 아니라 인식론(epistemology)에 있다고 주장한다. 그는 하나님이 누구신가, 하나님과 예수와 영은 어떤 **분이신가** 하는 것들에 주된 관심을 쏟지 않는다.[5] 요한은 어떻게 우리가 하나님을 **알 수 있는가**, 그리고 그러한 앎이 주는 함의는 무엇인가 하는 것에 집중한다. 이런 질문들에 대해 우리가 해야 할 일은 단지 우리의 눈을 열고 하나님께서 분명히 드러내시는 것들을 보는 것뿐이라고 요한은 대답한다. 보는 것, 즉 우리의 눈이 진실로 열린 채로 **정말로** 보는 것은 궁극적인 존재에 대한 근본적이고 변혁적인 진실을 알아차리는 방법이다. 이렇게 봄(vision)이라는 빛 안에 사는 것은 진실로 그 자체가 참되고 풍요로운 삶이다.

---

5. 제4복음서를 스토아철학의 존재론의 관점에서 읽어내어 요한복음 내에 만연해 있는 영(*pneuma*) 혹은 "정신"(spirit)에 특히 주목하는 연구로는 Troels Engberg-Pedersen, "Logos and Pneuma in the Fourth Gospel," in David Edward Aune and Frederick E. Brenk, eds., *Greco-Roman Culture and the New Testament: Studies Commemorating the Centennial of the Pontifical Biblical Institute* (Supplements to Novum Testamentum 143, Leiden, Boston: Brill, 2012), 27-48을 보라. 그리고 가장 최근에 출판된 동일한 저자의 책, *John and Philosophy: A New Reading of the Fourth Gospel* (Oxford: Oxford University Press, 2017)도 있다.

'보는 것'(vision)의 중요성

여기서 '시각'(sight) 언어는 특히 중요하다. 요한복음이 언어적 상징, 즉 '말씀'과 함께 시작되어 예수의 초월적 측면을 나타내고, '시각' 이미지에 많은 시간을 할애한다는 점은 매우 흥미롭다. 시각이 분명히 드러나는 몇몇 단락을 생각해보라. 성육신을 언급한 후, 내레이터의 서문은 이렇게 말한다. "우리가 그분의 영광을 바라보니(ἐθεασάμεθα)"(요 1:14). 세례자 요한이 사람들에게 예수를 소개하며 처음 한 말도 보라는 것이었다. "보세요(ἴδε), 하나님의 어린양이십니다!"(요 1:36). 세례자 요한은 스스로 성령이 하늘에서 내려오는 것을 보았다(τεθέαμαι)고 말하고(요 1:32), 예수가 하나님의 아들이라는 요한의 증언 또한 그가 "본"(ἑώρακα) 것에 기초하고 있다(요 1:34). 초기 제자들 중, 나사렛으로부터 좋은 것이 나올 수 있겠냐고 의심하는 나다나엘에게 빌립은 말한다. "와서 봐!"(ἔρχου καὶ ἴδε, 요 1:46).[6] 예수 또한 1장 끝에서 첫 제자들이 그에게 연달아 메시아 호칭을 사용하며 고백했을 때, 그들이 이보다 더 많은 것들을 보게 될 것이라고 말한다. "아멘 아멘 그대들에게 말합니다. 그대들은 하늘이 열려 있는 것과 하나님의

---

6.   참조, 이 표현은 또한 사마리아 여인이 다른 사마리아인들을 초대할 때에도 반복된다. 요 4:29을 보라.

천사들이 인자 위로 올라가기도 하고 내려오기도 하는 것을 볼 것입니다(ὄψεσθε)"(요 1:51). 제4복음서는, 공관복음의 예수가 사용하는 가르침의 특징인 하나님의 나라라는 언어를 잘 사용하지 않는다. 이와 유사한 언어가 요한복음에 나타나는 것은 복음서의 초반에 니고데모와 '다시' 혹은 '하늘에서' 태어나는 것에 대해 논쟁하는 부분이다. 이는 '아노텐'(ἄνωθεν)이라는 그리스어 단어가 가진 두 가지 의미를 두고 벌어진 논쟁이다. 거기에서 예수는 하나님 나라를 소유하기 위해 인간은 그 방식으로 태어나야만 한다고 선언한다. 하나님의 영역을 소유하는 것과 관련된 언어는 공관복음의 표현과는 매우 다르다. 공관복음에서 인간은 하나님 나라에 '들어간다'. 그러나 요한복음은, 적어도 3절에서는, 새롭게 태어난 사람이 하나님 나라를 볼(ἰδεῖν) 것이라고 말한다(요 3:3). 보다 전통적인 표현인 하나님 나라에 '들어간다'는 표현은 5절에 등장하는데, 이를 볼 때 3절에서의 단어 선택은 다분히 의도적임을 알 수 있다. 본다는 것은 또한 종말론적인 실체를 묘사할 때도 사용된다. 3장의 뒷부분에서, 예수는 인자에게 순종하지 않는 사람은 생명을 "보지"(ὄψεται) 못하고 도리어 하나님의 진노를 살 것이라고 말한다(요 3:36).[7]

---

7.   참조, 8:51에서는 죽음을 "보는 것"에 대해 말한다.

분명히 다양한 단계의 '봄'이 존재한다. 단순히 눈으로 어떤 것을 바라본다는 것만으로는 충분하지 않다. 예수가 그 시대 사람들의 믿음 없음을 비판하는 것은, 표징과 기사를 '보는 것'에 대한 그들의 요구에 초점을 맞춘다(요 4:48).[8] 예수의 평가는 다소 역설적이다. 사람들이 기적을 제대로 목도하고 있더라도, 그들은 자기들이 보는 것의 중요성을 제대로 '보지' 못하는 것처럼 보인다. 두 가지 서로 다른 단계의 봄에 대한 구분은 요한복음 9장에 나오는 예수와, 날 때부터 눈 먼 사람, 그리고 바리새파 사람들 간의 드라마적 만남의 일부가 된다. 눈 먼 사람의 시각이 회복된 이후, 그는 인자에 대한 믿음을 고백하며 본인의 영적인 통찰력을 드러낸다(요 9:38). 반면, 이 광경을 지켜본 바리새파 사람들은, 예수를 비판함으로써 도리어 눈이 먼 사람들이 된다(요 9:39).[9] 요한복음이 아이러니와 의미의 다층적 구조를 선호한다는 점을 생각하면, 요한이 '봄'의 단계를 두고 이러한 구분을 만드는 것은 그다지 놀랍지 않다.

---

8.   표징을 '보는 것'에 대한 불확실한 사례에 대해서는 요 6:30; 7:3; 고전 1:22을 참조하라.

9.   스스로 본다고 주장하지만 그렇지 못한 사람들에 대해 이어지는 비판에 주목하라. 그리고 사 6:10이 요 12:40에서 사용되는 바를 주목하라.

따라서 요한은 어떤 종류의 보는 행위에 관심이 있었다. 이 '봄'은 '믿음'과 동일한 것으로서 예수에게 집중된 시각을 가리킨다. 이런 시각은 궁극적으로 하나님에게 속했다. 그러나 하나님을 엿볼 수 있게 해주는 렌즈는, 그분의 아들이다.

제4복음서의 이러한 '시각'에 대해 더 깊게 다루기 전에, 잠시 물러서서 요한복음을 만드는 데 영향을 주었을 다양한 문화적 전통들에 대해 잠시 생각해보는 것이 좋겠다. 요한 외에도 고대 세계에는 하나님을 어떻게 볼 수 있는가에 대한 문제를 두고 고민했던 종교적 사상가들이 많았다.

하나님을 '보는 것'에 대한 성서의 탐구

사람이 하나님을 '얼굴을 맞대고' 본다는 관념은 오경의 이야기들에서 발견된다. 예를 들어, 야곱은 창세기 32:30에서 하나님의 천사와 씨름한 후에 그곳의 이름을 브니엘이라 지었는데, 그는 그 이유를 "내가 하나님의 얼굴을 직접" 뵈었기 때문이라고 말한다. 출애굽기 33:11에 따르면, 구름 기둥이 장막 어귀에 섰을 때, "주님께서는, 마치 사람이 자기 친구에게 말하듯이, 모세와 얼굴을 마주하고 말씀하셨다." 신명기 5:4에서 모세는 이스라엘 자손들에게 말하기를, 하나님이 그들과 계약을 만드는 과정에서, "주님께서는 그 산 불

가운데서, 당신들과 함께 서로 얼굴을 마주 보고 말씀하셨습니다"라고 했다.

그러나 신명기의 마지막 몇 장은, 그러한 친밀한 만남이나 신성에 대한 직접적인 비전이 과거의 유물인 것처럼 말하는 것 같다. 신명기 34:10에 따르면, "그 뒤에 이스라엘에는 모세와 같은 예언자가 다시는 나지 않았다. 주님께서는 얼굴과 얼굴을 마주 대고 모세와 말씀하셨다." 신명기의 이러한 제한들이 말해주는 것처럼 이후 이스라엘의 역사에서 나타나는 예언자들의 이야기에서는 하나님을 직접 볼 수 없었다는 점이 드러난다.

에스겔은 곧 다가올 때에 하나님께서 자신의 백성을 속박에서 해방시키시고, 그가 과거의 이스라엘 사람들에게 말을 거셨던 것처럼 "대면하여" 말씀하실 것이라는 희망의 메시지를 전한다(겔 20:35). 그러나 이 희망은 미래의 것이다. 예언자들은 종종 천상 세계를 보게 되는 기회를 얻었지만 그들은 결코 하나님을 직접 보지 못했다. 이사야 예언자가 하늘의 보좌를 보았을 때(사 6:2), 그가 묘사한 것은, 세 번에 걸쳐 이 장소의 거룩함을 외쳤던 스랍들(seraphim)의 날개에 가려진 하나님의 얼굴이었다. 이와 유사한 에스겔의 환상은 불타는 듯한 구름으로부터 시작한다. 여기에서 많은 날개를 가진

네 생물이 등장한다. 그들은 성스러운 '메르카바'(*merkavah*),
즉 전차의 바퀴를 형성하는데 이는 하나님의 바로 그 움직이
는 보좌다. 거기에서 에스겔 예언자는 "사람의 모습과 비슷
한 형상의"(겔 1:26) 어떤 것을 짧게 보지만, 이는 모세가 경험
한 것과 같은 얼굴을 맞대는 직접적 만남은 아니었다.

이사야와 에스겔 예언자의 묘사들은 후대 유대교에서 환
상을 보는 자들과 신비주의자들에게 영감을 주었다. 외경으
로 분류되는 묵시문학작품들 중 『에녹1서』(『구약외경 1』에 수록,
한님성서연구소 역간, 2022)와 『에스라4서』 그리고 『바룩2서』는
천상에 대한 환상과 이것들을 경험한 과거의 선견자들의 이
야기를 다룬다. 사해문서를 만들어낸 소종파들은, 그들의 공
동체를 정비하고 예언자들의 말에서 하나님의 뜻을 분별하
려고 노력하는 가운데, 또한 사색의 결과를 서술하여 천사들
이 천국에서 무엇을 하는지, 그리고 지상의 예배자들이 천사
들의 행동에 어떻게 참여할 수 있는지에 대하여 『안식일 희
생제사 노래』와 같은 문서에 기록해 두었다.[10] 사도 바울은
선교지에서 자신의 적대자들과 맞서 싸우는 과정에서, 특히
고린도후서 12장과 같은 부분에서, 적대자들이 자랑할 수도

10. Carol Newsom, *Songs of the Sabbath Sacrifice: A Critical Edition*
(Atlanta: Scholars, 1985)을 보라.

있었을 황홀경의 체험 이야기를 다룬다. 골로새서에서 바울은, 혹은 골로새서의 저자인 어떤 제자는, 천사 숭배와 연결된 환상 체험에 관심을 둔 공동체 내의 구성원들에 대하여 다루어야 했다(골 2:16-18). 이 모든 관심은 명백하게 그리스도에 대한 헌신으로부터 벗어난 것이었다.[11] 고전적 예언 환상 문서를 정교하게 만들어낸 헤칼로트(Hekhaloth)와 메르카바 문헌을 구성한 후대의 유대교 신비주의자는, 비록 이 모든 문서가 랍비 현자들로부터 승인받지는 못했지만, 변혁적인 환상 경험에 대한 희망을 지속적으로 내비쳤다.[12]

일부 종교 지도자들에 의해 의심받기는 했지만, 신성한 차원의 세계를 보는 특별한 경험에 대한 갈망은 분명히 초기 그리스도인들에게 전해졌던 유대교 유산의 일부였으나, 이러한 유의 갈망은 유대인들만 가졌던 것이 아니다. 헬레니즘

---

11.   Harold W. Attridge, "On Becoming an Angel: Rival Baptismal Theologies at Colossae," in Lukas Borgmann, Kelly Del Tredici, Angela Standhartinger, eds., *Religious Propaganda and Missionary Competition in the New Testament World: Essays Honoring Dieter Georgi* (Supplements to Novum Testamentum 74, Leiden: Brill, 1994), 481-98을 보라.

12.   Ithamar Gruenwald, *From Apocalypticism to Gnosticism: Studies in Apocalypticism, Merkavah Mysticism, and Gnosticism* (Frankfurt-am-Main, New York: P. Lang, 1988)을 보라.

세세에서 전해진 종교적 유산의 중요한 부분 중 하나에는 밀의적(epopic)인 경험에 대한 갈망이 포함되는데, 이는 인간에게 영감을 주고 변혁시킬 수 있는 신비적인 만남을 말한다.

신을 보려는 고대 그리스-로마 세계의 탐구

그러한 탐구는 분명하게도 '신비' 종교의 고전적 경험의 일부였는데, 여기에는 데메테르 숭배와 엘레우시스의 페르세포네 숭배에 있었던 궁극적 방식이 포함된다. 이 신비주의적 종교 집단이 고전 고대(classical antiquity) 때로부터 기원후 4세기까지 경험했던 것 중 많은 부분은 비밀로 남아있다. 그러나 이 종교 행위들 중에는 계시가 상징적인 형태로 드러났는데, 거기에는 심오한 진리라고 생각됐던 것이 담겨있었다.

다른 신비주의 집단에서 신접한 이들이 어떤 것을 경험했는지 그들의 증언을 더 들어보는 일은 유용할 것이다. 우리는 적어도 그러한 밀의적 경험을 다루는 하나의 문학적 증언을 가지고 있다. 이는 기원후 2세기, 이시스 여신 숭배 제의에 참여했던 이들의 이야기인데, 아풀레이우스의 『변형』(*Metamorphoses*) 또는 『황금 당나귀』(*Golden Ass*; 현대지성 역간, 2018)에 기록되어 있다. 이것은 이집트 여신의 신비와 신접한 루키우스라는 인물의 이야기이다. 이야기 속에서 루키우스

는 장난삼아 마술에 손을 댔다가 당나귀로 변한다. 동물의
몸으로 전개되는 긴 피카레스크 소설(picaresque: 등장인물들이
도덕적 결함을 갖춘 악인들로 등장해서 이야기를 이끄는 소설 장르—편주)
이 끝나는 부분에 다다르면, 루키우스가 이시스 여신과 만난
이야기가 나온다. 특징적인 것은 두 번의 환상 경험인데, 하
나는 겐그레아항에서 고린도만 위로 떠오르는 달을 바라보
며 경험한 것이고(제10권), 다른 하나는 그가 신접했을 때이
다. 그는 암시적으로 자신의 신접 경험을 묘사한다.

> 그러니까 나는 죽음의 문으로 다가가 프로세르피나의 문
> 지방에 발을 들여놓았으며, 후에 주요 요소들을 통해 이 세
> 상으로 되돌아왔다. 한밤중에 나는 마치 대낮처럼 비추는
> 태양을 보았고, 지하의 신과 천국의 신 앞에 서서 그들을
> 찬미했다. (아풀레이우스, 『황금 당나귀』, 제11권)[13]

루키우스가 환상을 본 결과 그는 인간의 모습으로 돌아
왔고, 이시스와 세라피스를 섬기는 신도들의 모임에 흡수됐

---

13.   이는 Abbey Classic; London: Chapmann and Dodd, 1922에서 출간
       된 William Addington의 1566년 번역이다. 해당 번역본은 온라인에
       서 Open Library로 이용 가능하다. http://openlibrary.org/books/
       OL7105158M/The_golden_asse_of_Lucius_Apuleius.

다. 이 소설적인 이야기는 비록 부자연스럽긴 하지만, 2세기
의 헬레니즘화된 로마인들이 신성한 세계에 대한 환상이 가
진 변혁적인 힘을 어떻게 이해했는지 알 수 있게 해준다.

　　신비주의 종교 집단의 언어와 그들의 확실하고 직접적인
하나님 만남에 대한 갈망은 또한 당대의 철학자들에 의해서
도 사용됐다. 조금 더 절제된 버전의 이야기가 알렉산드리아
의 유대인 철학자인 필론의 저서에서 발견된다. 필론의 신적
인 로고스에 대한 신조는 요한복음의 서문에 등장하는 언어
와 가장 가까운 1세기의 등가물이다. '시각'에 대한 필론의
복잡한 언어유희는 그가 이스라엘의 이름을 어원적으로 '하
나님을 보는 자'로 이해한 것에 요약되어 있다. 필론에게 있
어서, 이스라엘의 현실에 참여하는 사람은 그들 또한 하나님
을 '본다'. 비록 그들은 아풀레이우스의 소설에 등장하는 루
키우스와 같은 종류의 환상 경험은 필요로 하지 않지만 말이
다. 그들은 또한 초월적이고 형언할 수 없는 하나님에 대한
직접적인 시각도 가지고 있지 않다. 그러나 그들은 유대인들
의 율법에 구현되어 있는 로고스, 즉 말씀을 듣고 이해함으
로써 하나님을 '본다'.[14] 유대교의 토라에 대한 필론의 견해는

14.　Harold W. Attridge, "Philo and John: Two Riffs on one Logos,"
　　Studia Philonica 17 (2005): 103-117을 보라.

플라톤 철학에서 차용된 언어들로 틀이 짜여 있다. 필론이 말씀을 '듣는 것'과 '보는 것'의 관계에 있어서 사용한 언어유희는 또한 요한복음에서도 발견되며, 필론의 작업이 요한복음 사가의 글쓰기에 얼마간 영향을 주었다고 해도 과언이 아니다.

이와 마찬가지로 흥미로운 대상은 그리스 철학자 플루타르코스인데, 그는 제4복음서 사가와 가까운 시기에 살았던 사람이며, 종교적 이미지들과 그것들이 전달하는 진리에 매우 관심을 보였던 인물이다. 종교적 상징주의에 대한 플루타르코스의 논의를 다루는 것은 이 강연의 범위를 넘어서는 일이다.[15] 요한복음 사가가 자신의 접근을 신적 실재에 대한 변혁적 시각으로 발전시킨 환경의 몇 가지 구성요소에 대해 집

---

15. 해당 주제를 아주 훌륭하게 다룬 책으로는, R. Hirsch-Luipold, *Plutarchs Denken in bildern: Studien zur literarischen, philosophischen und religiösen Funktion des Bildhaften* (Studien und Texte zu Antike und Christentum 14, Tübingen: Mohr Siebeck, 2002). 다른 저작으로는 Harold W. Attridge, "The Cubist Principle in Johannine Imagery: John and the Reading of Images in Contemporary Planotism," in Jörg Frey, Jan G. van der Watt, Ruben Zimmermann, eds., with the collaboration of Kern, *Imagery in the Gospel of John. Terms, Forms, Themes and Theology of Figurative Language* (Wissenschaftliche Untersuchungen zum Neuen Testament 200, Tübingen: Mohr Siebeck, 2006), 47-60을 보라.

중적으로 알아보는 것만으로 충분할 것이다.

　플루타르코스의 논의 중 두 가지 부분이 특히 우리의 관심에 부합한다. 이는 『이시스와 오시리스에 관하여』(On Isis and Osiris)라는 책에 수록되어 있는데, 이 책은 주요 이집트 신화에 대한 철학적 논의를 제공한다. 플루타르코스는 자신의 논의를, 신학이라는 단어로 가장 잘 묘사될 수 있는 고결한 이상들을 사용하여 표현한다. 그는 자신의 작업이 "진리에 다다르려는 노력"이며, "신적인 것을 갈망함"(θειότητος ἔφεσις)이고, 그의 작품은 "신전에서의 제의보다 더 신성시되는 것"(2, 351E)이라고 이해한다. 모든 종교적 제의의 목적은 "처음의 존재이며, 모든 것의 주인이고, 이상적인 분에 대한 앎에 다다르는 것"(2, 352A)이다. 플루타르코스에 따르면, 이러한 이상은 이시스 여신을 통하여 접근 가능하다. 왜냐하면, 그것은 "그녀 근처에 있고, 그녀와 함께 있으며, 그녀와 친밀한 교감을 이루고 있기" 때문이다(ibid.).

　이시스 제의의 형상(imagery)에 대해 다루면서, 플루타르코스는 제4복음서와는 아주 다르게 많은 것들을 묘사한다. 그러나 독특하게도 플루타르코스는 그의 분석 마지막 부분에 자신의 복잡하고 암시적인 상징 체계에 대해서 집중적으로 보도하는데, 이 부분은 요한복음과 상당히 유사하다. 이

상징 체계에 대한 언급은 플루타르코스의 종교적 탐구의 궁극적 목표라고 할 수 있다. 그가 이시스의 화사한 겉옷을 구성하는 것에 대해 요약한 부분은 언급할 만하다.

> 그러나 그들이 여러 번에 걸쳐 사용하는 것은 이시스의 예복(달리 말해, 오시리스의 것과는 대조되는 예복)이다. 왜냐하면 인식 가능하고 쉽게 사용할 수 있는 것들을 사용하는 것은 그들에게 많은 것이 드러나게 했고, 그들 스스로가 많은 면에서 변화했다는 것을 볼 수 있게끔 기회를 제공했기 때문이다. 그러나 개념적이고, 순수하며, 단순하고, 섬광이나 번개처럼 영혼을 통해 빛나는 것에 대한 통각은 그것을 만질 수 있고 볼 수 있는 기회를 제공한다. 그러나 한 번뿐이다.[16] 이러한 이유로 플라톤과 아리스토텔레스는 철학의 이러한 부분을 밀의적, 또는 신비적인 부분이라고 불렀다. 이는 이성을 통해 모든 종류의 추측적이고 혼란스런 문제를 넘어선 사람들이 그 기본적이고 단순하며 비물질적인 원칙에 순조롭게 나아간다는 점을 고려한 결과다. 그리고 그들이 어쨌건 거기 깃든 순수한 진리와 만났을 때, 그들은 철학의

---

16. 이 본문은 아마도 Plato, *Ep*, 7.344B [= 『편지들』, 아카넷, 2021]을 암시하는 듯하다.

전부를 완전히 그들의 손에 갖게 됐다고 믿었다.

필론처럼 훌륭한 플라톤주의자였던 플루타르코스는 모든 종교적 상징 세계의 근간에 있는 이 핵심 통찰에 다다르기를 원했다. 통일적이고 진실을 드러내는 진리를 찾으려는 자극은 요한복음의 상징 신학과 내러티브 수사학의 핵심과 닮았다.

하나님을 보는 것에 대한 요한복음의 이야기

하나님을 '보려는' 탐구는 따라서 1세기에 유행하던 것이었다고 할 수 있다. 그리고 철학적인 탐구자들은 그러한 시각을 갖는 것이 얼마나 어려운지 인지했고, 모순적으로, 진실한 '시각'은 아마도 다른 것에 달려있지 않겠느냐고 생각했다. 요한복음은, 서문의 마지막 부분에서 어떤 일이 벌어질지에 대해 명확히 암시하면서, 진리를 바르게 보는 것에 대하여 자신의 주장을 펼친다: "하나님을 뵌 사람은 여태껏 하나도 없었다. 그러나 하나뿐인 아들이신 하나님, 곧 아버지 품속에 계신 바로 그분이 자세히 알려 주셨다"(요 1:18).

요한복음의 근본적 신학 주장을 짧게 요약한[17] 이 구절에

---

17. 이 구절의 양식에 대해서는 George Parsenios, "A Sententious Sile-

는 흥미로운 주제들이 가득하다. 예를 들어, 본문비평에서 중요한 부분인데, 우리가 '외아들' 혹은 '독특한'이라는 단어로 수식하는 단어가 '하나님'인지 혹은 '아들'인지에 대한 논쟁을 말할 수 있다. 그렇지만 이 부분은 지금 여기서 말하기에는 시간상 곤란하다. 내가 흥미롭게 보는 것은 두 개의 중요한 동사가 병치된 것이다. 하나님을 "본"(ἑώρακεν) 사람은 아무도 없다고 복음 사가는 말한다. 외아들이신 분께서 하나님을 "설명하셨다" 혹은 "알려 주셨다"(ἐξηγήσατο). 첫 번째로 사용된 동사는, 복음서에 만연한 '봄' 모티프가 중요하다는 것을 암시한다. 그다음 등장하는 동사는 시각보다는 구어 담화(spoken discourse)에 더 적절한 동사인데, '로고스'가 무엇을 하는지를 말하기에 완전히 적절한 단어다. 그러나 요한복음 사가는 매우 조심스럽고 현명하게 단어 선택을 했다. 요한복음은, 우리가 살펴본 것처럼, 완전하게 예술적인 동사 사용을 보여준다. 그러나 그러한 단어들이 제공하는 하나님에 대한 '설명'은 담론적 논리와 형이상학적 설명에 의존하지 않는다. 오히려 이 설명은 우리가 앞서 살펴본 드라마의 기술

---

nce: First Thoughts on the Fourth Gospel and the Ardens Style," in Susan E. Myers, *Portrait of Jesus* (Wissenschaftliche Untersuchungen zu Neuen Testament 2.321, Tübingen: Mohr Siebeck, 2012), 13-26을 보라.

들에 의존한다. 또한 이것은 단어들로 인해 형성되는 생생한
이미지에 의존한다.[18] 이는 정확히 청중의 눈을 열어 그들의
육체적 눈이 허락하는 것보다 더 깊은 비전, 혹은 '시각'을
볼 수 있게 하기 위하여 예수의 초상을 다면적인 단어들로
덧칠한다.

이 이미지들은 다른 등장인물들의 고백에서 다양한 형태
로 등장한다. 가령 세례자 요한이 예수를 "하나님의 어린
양"(요 1:29)으로 선언하는 부분이나, 예수의 죽음으로 성서의
"그의 뼈가 부러지지 않을 것이다"라는 성경 말씀이 실현됐
다는 내레이터의 논평으로 지지되는 예수와 유월절 어린양
에 대한 동일시(요 19:36, 이 구절은 출애굽기 12:46을 인용하고 있다)
등이 그렇다. 내레이터는 또한 이미지들을 모자이크처럼 모

---

18. 이 일반 주제에 대해서는 Craig Koester, *Symbolism in the Fourth
Gospel: Meaning, Mystery, Community* (Minneapolis: Fortress, 1995;
2nd ed. 2003)를 보라. 또한 Ruben Zimmermann, *Christologie der
Bilder im Johannesevangelium: Die Christopoetik des vierten
Evangeliums unter besonderer Berücksichtigung von Joh 10*
(Wissenschaftliche Untersuchungen zu Neuen Testament 171,
Tübingen: Mohr Siebeck, 2004); Jörg Frey, Jan G. van der Watt,
Ruben Zimmermann, eds., with the collaboration of Gabi Kern,
*Imagery in the Gospel of John. Terms, Forms, Themes and Theology of
Figurative Language* (Wissenschaftliche Untersuchungen zu Neuen
Testament 200, Tübingen: Mohr Siebeck, 2006)를 보라.

아 붙이는데, 예를 들어 성전 멸망에 대한 예수의 논평을 설명하는 부분에서 그렇다(요 2:21). 내레이터는 예수가 헤롯 성전이 아니라 자신의 몸을 가리키는 것이었다고 우리에게 말해준다. 이 짧은 논평은 복음서 전체에 걸쳐서 엮여 있는 상징의 전체적 배열을 보여준다. 이 모든 상징은 하나님이 "거하시는", 혹은 반복되는 언어로, 하나님이 "머무시는"(μένω) 지상의 장소로서 예수를 가리킨다. 이 동일한 '장소'에서, 믿는 자들은 하나님 안에 머문다고, 고별 담화(The Farewell discourse)는 주장한다.[19]

이 복음서의 이미지들은 예수의 발언 내에서 간접적으로 드러난다. 가령, 1장 끝부분에서 그의 제자들이 하나님의 천사들이 인자 위에 오르락내리락하는 것을 보게 될 것이라고 말한 예수의 선언에서 그렇다. 이 구절은 창세기 28:12을 암

---

19. 이 풍부한 상징에 대해서는 Ulrich Busse, "Die Tempelmetaphorik als ein Beispiel von implizitem Rekurs auf die biblische Tradition im Johannesevangelium," in *The Scriptures in the Gospels* (ed. Chr. M. Tuckkett; Bibliotheca Ephemeridum Theologicarum Lovaniensium 131, Leuven: Peeters, 1997), 395-428; Mary Coloe, *God Dwells with Us: Temple Symbolism in the Fourth Gospel* (Collegeville, Minn.: Liturgical Press, 2001); 그리고 A. Kerr, *The Temple of Jesus' Body: The Temple Theme in the Gospel of John* (Journal for the Study of the New Testament Supplement Series 220, London and New York: JSOT, 2002)을 보라.

시하는 것으로, 예수를 야곱의 사다리의 한 버전으로 효과적으로 그려낸다. 또한 예수는 자신에 대해 말하며 아주 강력한 이미지를 사용했는데, 사마리아 여인에게 자신을 영생에 이르게 하는 샘물이라 일컬었을 때 그랬다(요 4:14). 이러한 주장은 수코트(Succoth: 또는 장막절[Booths], 초막절[Tabernacles])의 상황이 제시된 7:37-39에서 반복된다. 여기서는 성전에서 흘러나오는 물이라는 이미지가 현저하게 사용된다. 이 이미지에 대해서는 곧 다시 이야기할 것이다.

생생한 이미지가 가장 두드러지게 등장하는 부분은 예수의 독특한 "나는 ~이다"(I am) 표현들일 것이다. 예수는 자신이 "생명의 빵"(요 6:35, 48, 51)이라며 유월절을 환기시키고, 자신이 "세상의 빛"(요 8:12) 이라고 선언하는데, 이것 또한 성전과 그와 관련된 축제, 이 경우에는 초막절 혹은 하누카(Hannukah)와 긴밀히 결부된 것이다. 예수는 자신이 "좋은 목자"(요 10:11, 14)이며, 동시에 양들의 문(요 10:7, 9)이라고 묘사한다. 고별 담화에서 예수는 자신을 길(요 14:6)이라고 묘사한다. 이 길은 '진리와 생명'이라는 좀 더 추상적인 가치에 연결된 길이다. 동일한 맥락에서 예수는 자신이 "참 포도나무"이며 (요 15:1-10), 제자들은 가지처럼 그 안에 깃든다고 묘사한다.

하나님이 거하는 성전, 생명의 물이 들어있는 샘, 축제의

등불을 밝히는 빛, 천국으로의 사다리, 선한 목자, 양 우리의
문, 좁은 길, 포도나무, 이것은 언어로 된 그림들을 복잡하게
연결하여 정교하게 만든 일종의 모음집이다. 우리는 어떻게
이러한 언어로 된 이미지들을 통해 '볼 수' 있을까? 이 이미
지들은 하나님을 어떻게 드러내는가?

요한복음에서 엮여있는 이미지들

요한복음이 사용하는 이미지들의 궁극적인 목적은 첫 번
째 드라마적인 만남, 즉 3장의 예수와 니고데모의 만남에서
명백하게 전조된다. 어떻게 사람이 '다시 태어날 수 있는지'
혹은 '하늘로부터 태어날 수 있는지'에 대해 논의한 다음, 예
수는 그가 알고 본(ἑωράκαμεν, 요 3:11) 것을 증언한다는 점을 확
언한다. 이는 서문의 내용을 고려할 때, 예상되는 발언이다.
그다음 구절은 예수가 특별한 비전을 가지고 있다는 점을 드
러낸다. 왜냐하면 그는 천국으로부터 내려온, '사람의 아들'
이기 때문이다. 요한복음에서 두 번째로 등장하는 이 '사람
의 아들' 발화는 요한에게 있어서 이 칭호가 그리스도의 천
상적 기원을 강조한다는 점을 가리킨다. 이 칭호가 일반적으
로 어떻게 작용하는지 살피는 것은 흥미로운 주제이지만, 지

금 우리가 다룰 만한 내용은 아니다.[20] 그러고 나서 예수는
3:14에서 사람의 아들과 광야에서 방랑하던 이스라엘 백성
을 위해 높이 들렸던 뱀 사이의 유사성을 밝힌다. 복음 사가

---

20. 수많은 학자들이 이 중요한 모티프를 설명하려고 시도했다. Peder
    Borgen, "Some Jewish Exegetical Traditions as Background for Son
    of Man Sayings in John's Gospel (Jn 3:13-14 and Context)," in
    Marinus de Jonge, ed., *L'Evangile de Jean: Sources, redaction, théologie*
    (Bibliotheca Ephemeridum theologicarum Lovaniensium 44;
    Leuven, Leuven University Press, 1977), 243-58; Francis J. Moloney,
    The Johannine Son of Man (Biblioteca di scienze religiose 14; 2nd ed.,
    Rome: Editrice Las, 1978); Margaret Pamment, "The Son of Man in
    the Fourth Gospel," *Journal of Theological Studies* 36 (1985): 56-66;
    Delbert Burkett, *The Son of Man in the Gospel of John* (Journal for the
    Study of the New Testament Supplement Series 56, Sheffield:
    Sheffield Academic Press, 1991); John Painter, "the Enigmatic
    Johannine Son of Man," in F. van Segbroeck, Christopher M.
    Tuckett, Gilbert van Belle, J. Verheyden, eds. *The Four Gospels*, 1992:
    Festschrift Frans Neirynck (Bibliotheca Ephemeridum Theologi-
    carum Lovaniensium 100, 3 vols., Leuven: Leuven University Press
    / Peeters, 1992), 3:1869-87F; Martinus C. De Boer, "Johannine
    History and Johannine Theology: The Death of Jesus as the
    Exaltation and the Glorification of the Son of Man," in Gilbert van
    Belle, *The Death of Jesus in the Fourth Gospel* (Bibliotheca Ephemeri-
    dum Theologicarum Lovaniensium 200, Leuven: Peeters, 2007),
    293-336; Benjamin Reynolds, *The Apocalyptic Son of Man in the
    Gospel of John* (Wissenschaftliche Untersuchungen zu Neuen Testa-
    ment 2.249, Tübingen: Mohr Siebeck, 2008); Jay Harold Ellens, *The
    Son of Man in the Gospel of John* (Phoenix: Sheffield, 2010)을 보라.

는 '봄'의 언어를 사용하지 않아도 됐다. 성서적 암시가 그 일을 대신해주었기 때문이다. 민수기 21:9에 따르면, 불뱀에 게 물려 고통당하고 죽어가던 이스라엘 사람들은 모세의 지 팡이에 달린 구리 뱀을 보는 것만으로 치유받았다. 사람의 아들이 뱀에 비유되는 것이 다소 이상하게 들릴 수 있지만, 사실 1장에서 이 이미지가 사다리에 비유됐던 것을 생각하 면 그리 놀라운 것도 아니다. 이 비교의 요점은 분명하다. 요 한이 제시하는 특별한 의미에서, 사람의 아들이 십자가에 '달린' 것을 '보는' 것은 치유의 효과를 낼 것이다. 이 '달린' 이라는 모티프는 십자가 처형을 대단히 찬양할 만하고 영광 스런 순간으로 그려낸 요한의 아이러니에 대한 앞선 논의를 떠올리게 만든다. 이 아이러니한 비유를 암시하는 것은 요한 복음이 '시각'에 대한 이해를 통해 의도했던 핵심적 부분이 었다. 사람이 참되게 보고 효과적으로 보기 위해서는, 보여 지는 외관을 통해 내부의 의미를 보아야 한다. 모세와 구리 뱀에 대한 비유는 또 다른 지극히 중요한 의미를 갖는다. 복 음서가 그 청중에게 보기 원하는 곳을 '바라보는' 것은, 이를 바라보는 방식 못지않게 중요하다. 우리의 시선이 향해야 하 는 곳은 십자가다. 아들이라는 렌즈를 통해 하나님을 '보기' 위해서는, 십자가를 바라보아야 한다.

우리가 살펴본 대부분의 다른 이미지들은, 그것들이 가진 다른 의미적 연결들이 어떻든, 예수의 죽음과 얼마간 관련되어 있다. 하나님의 어린양이라는 첫 언급은, 19장에서 출애굽에 대한 암시와 함께 묶이며, 명백하게도 십자가를 가리킨다.

4장과 7장에 나타나는 물의 이미지는, 족장들의 우물과 성전의 의식 등 그것들이 가진 모든 암시와 함께, 십자가와 긴밀히 엮인다. 요한복음 19:34에서, 예수의 옆구리가 창에 찔렸을 때, 피와 물이 흘러나왔다는 언급을 통하여 말이다. 이 생생한 이미지는 7:38의 약속, 예수와 그를 믿는 사람에게는, "생수가 그의 배에서 강물처럼 흘러나올 겁니다"라는 애매모호한 암시를 떠올리게 한다. 이러한 점에서 요한1서 5:6-8이 피와 물, 영에 대해 주장하는 바는 흥미롭다. 해당 단락에서 다른 어떤 논의가 진행되고 있든, 이것은 분명하게도 십자가에 대한 암시이며, 요한의 수난 설화가 가진 독특한 모티프를 가리키고 있는 것이다.

예수가 주는 빵은 "세상의 생명을 위해서 내주는 그의 살"(요 6:51)이며 그의 "몸과 피"이다. 이 언어는 그리스도인들의 제의적 식사를 가리키는 것일 수도 있지만, 다른 무엇보다도 십자가에 못 박히고 피 흘렸던 예수의 몸을 가리킨다.

선한 목자는 단지 그가 자신의 양 떼를 알고 양 떼도 그를 알기 때문에 선한 것이 아니라(요 10:14), 목자가 양 떼를 위해 생명을 바치기 때문에 선하다(요 10:15-18). 예수라는 길은 아버지에게 향하는 길이지만, 십자가를 통과하게끔 인도한다. 요약하자면, 요한복음을 통틀어 사용되는 거의 모든 이미지들은, 독자들을 육안보다는 더 깊이 살펴보게끔 초대하며, 그 모든 것은 복음서의 끝에 나오는 하나의 거대한 이미지와 연결되어 있다. 이는 고통스러운 수치의 도구 위에서 아이러니하게도 "영광스럽게 된"(glorified) 십자가에 달린 그리스도다.

플루타르코스가 묘사한, 이집트 신화의 이시스가 다양한 색을 가진 겉옷을 입었던 것처럼, 예수와 연결된 다층적인 이미지들은 이 드라마의 독자들의 관심을 하나의 중심 사건에 집중시킨다. 오늘날까지도 그리스도인들의 시선은 이 사건에 머물러 있다. 하지만 우리가 이 집중된 시선이 의도한 변혁적 효과를 분별해낼 수 있는가? 이미지들은 우리의 시선을 사로잡지만, 그것들은 필연적으로 스스로를 해석하지는 못한다.

요한복음의 이미지 열거에 대한 초기의 편집

사실, 제4복음서 드라마의 모든 청중이 이 책이 의도하는 방식의 시각으로 반응하지는 않았다. 요한복음에 대한 초기의 두 가지 읽기 방식은 실제로 변혁적인 시각 경험을 심어주려 시도했지만, 그 변혁이 작용하는 방식은 각각 달랐다. 하나의 방식은 영지주의 종파 중 하나인 발렌티누스파의 『진리의 복음』(Gospel of Truth)에 표현된 방식인데, 아마도 2세기 후반의 문서로 보인다. 다른 하나는 『요한 행전』(Acts of John)인데, 이 책은 사도들의 사역을 회상하는 많은 외경 행전 중 하나이며, 역시 2세기의 문헌으로 추정된다.

명상적 설교(meditative homily)라고 할 수 있는 『진리의 복음』은 요한복음에서 발견되는 복잡한 이미지들과 다소 밀접한 관련을 보이며 전개된다. 이 설교는 '발렌티누스적 영지주의'라는 한 2세기 그리스도교 종파의 전형적인 신학을 제시한다. 이 신학은 아마 이렇게 짧게 요약될 수 있겠다. 곧, 우리는 오류의 산물인 이 세상에 심어진, 신적인 실체의 흔적들이다. 이 세계는 아주 끔찍한 세계여서, 우리는 이 안에서 자비하신 하나님 아버지로부터의 소외만을 경험할 뿐이다. 그러나 예수가 이 오류의 세계에 오셔서 우리를 하나님께 닿지 못하도록 하는 세력들을 물리치셨다. 그는 하나님이 누구신지, 그리고 우리가 누구인지 알려주심으로써 그 일을 행하셨다. 그는 하나님 아버지의 계약인, 한 권의 책을 십자가에 게시함으로써 그 일을 행하셨다. 여기에서의 이미지는 분명하게도 신약 성서 본문 여러 개, 가령 요한복음과 골로새서, 갈라디아서, 히브리서의 내용을 복잡하게 연관 지은 것이다. 이 계약은, 다른 어느 계약도 마찬가지이지만, 하나님 아버지의 본질인 '우시아'(οὐσία: "재산", "부" 등의 뜻을 가지는 단어—역주)를 드러낸다. 그러나 이 '우시아'는 사망한 친족이 남긴 땅의 '본질'보다는 더 심오한 것이다. 이것은 우리를 계시 행위로 이끈 신적인 영과 함께하는, 우리의 '본질적' 정체성이다.

『진리의 복음』의 해당 설명은 예수의 역할에 대한 요한복음의 해석에 많은 부분 빚지고 있는데, 요한의 버전을 훨씬 더 지적인 방식으로 재구성한다. 예수가 드러낸 것은 철학적 진리다. 이 진리를 아는 것은 인간을 아마 자유롭게 할 것이다. 그러나 이것이 요한복음이 주장하는, 십자가에서 드러난 진리일까?

이 질문에 답하기 전에, 요한복음에 대한 다른 읽기 방식을 검토해보자. 앞서 언급한 『요한 행전』에 대해 살펴보겠다.[21] 이 책이 제시하는 많은 이야기들은 요한이 에페소스와 다른 지역에서 행했던 환상적이고 종종 재미난 사역들에 대한 것이다. 요한은 죽은 사람을 살리고, 빈대들에게 떨어지라고 명령하기도 한다. 사본학적인 증거가 좀 문제가 되는 부분이긴 하지만, 아마도 이 책의 마지막에 위치한 이야기에서, 애제자는 예수의 마지막 날들에 대해 말한다. 이 이야기는 최후의 만찬에서 예수와 그의 제자들이 전례적인(liturgical) 춤을 추었다고 보도한다. 그러고는 곧장 십자가 처형에 대해서 이야기한다. 이는 요한이 목격했지만 두려움에 휩싸여 도망한 광경이다. 감람산에서, 그는 목소리를 듣고 십자가의 환상을 경험한다. 여기에는 요한복음에서 온, 많은 익숙한 상징적 이름들이 내포되어 있다. 길, 진리, 생명, 부활 등등의 것들 말이다. 이름을 부르는 목소리는 예수의 것이다. 예수

---

21. 이 책의 핵심 주제들에 대한 논의로는, Harold W. Attridge, "The Acts of John and the Fourth Gospel," in Patricia Walters, ed., *From Judaism to Christianity: Tradition and Transition: A Festschrift for Thomas Tobin, S.J., on the occasion of his sixty-fifth birthday* (Supplements to Novum Testamentum 136, Leiden: Brill, 2010), 255-265, 그리고 동일한 저자의 "Invention, Rewriting, Usurpation: The Case of the Johannine Gospel in the Second Century," in Jörg Ulrich, Anders-Christian Jacobsen, David Brakke, eds., *Invention, Rewriting, Usurpation: Discursive Fights over Religious Traditions in Antiquity* (Frankfurt am Main: Peter Lang, 2012), 1-8을 보라.

는 그가 목격한 수난의 실체에 대해서 요한에게 말해준다. 이 실체는 단순히 십자가 처형의 사실에 대한 반전 정도가 아니라 완전한 반대다. 예수는, 그러니까 진짜 예수는 수난을 겪거나 죽음을 경험하지 않았다. 왜냐하면 육체적인 고통과 죽음은, 십자가의 다른 별칭인 정신(the Mind)의 영적 실재를 건들 수 없기 때문이다. 이것이 요한에게 주는 의미는, 그리고 이 '가현설적인' 본문을 읽는 이들에게 주는 교훈은, 비록 그것이 고통을 수반하더라도 예수를 따라야 한다는 것이다. 사람은, 마치 고대의 스토아 철학자들처럼, 육체적 고통이 아무것도 아니라는 점을 알기 때문에 예수를 따른다. 고통은 예수가 어떤 분이신지에 있어서 어떤 영향도 미치지 못했다. 또한 이것은 우리가 진정 누구인지에 있어서도 아무런 영향을 미치지 못할 것이다. 『요한 행전』에 나온 십자가의 환상에 대한 해석은 명백히 제4복음서에 대한 하나의 읽기 방식이다. 그런데, 우리의 요한복음 사가가 이러한 밀의적 경험의 해석에 만족했을까? 나는 아니라고 본다.

'말씀'의 말씀이 이미지를 설명하다

요한이 중요한 사건에 독자의 시각을 고정시키는 시각적 예술가이기는 하지만, 그가 사용하는 수단은 결국 언어다.

이 드라마의 언어에서, 말씀은 복음서를 듣는 이들을 위해 마침내 성육신한다. 요한복음 1:18에서 보는 것과 설명이 함께 등장했던 것을 상기해보라. 또한 분명하게도, 청중의 시선을 형성하여 십자가의 시각을 보게끔 만드는 언어가 있다. 이것들은 고별 담화의 언어이기도 하다. 내레이터의 이야기와 예수가 말하는 이야기들이 그렇다.

내레이터의 내레이션은 저녁 식사가 시작되면서 발생한 일을 설명한다. 요한이 이 식사에 대한 다른 이야기들, 즉 빵과 포도주라는 성찬의 요소에 집중되어 있는 논의를 알고 있는지는 논쟁의 대상이다. 그는 분명 빵과 포도주에 관심이 있으며, 그것들이 예수의 몸과 피에 연결된다는 점에 대해서도 관심이 있다. 이는 6장에 등장하는 생명의 빵 담화에서 명백히 드러난다. 그러나 요한은 빵과 포도주를 최후의 만찬과 연결하여 다루지는 않는다. 요한이 이 저녁 식사를 묘사하는 방식은 분명히 공관복음의 보도를 알고 있는 독자의 주목을 끌었을 것이다. 요한복음 13장에서 예수가 행하는 행동들은 그의 사역이 어떤 것인지를 드러낸다: 예수는 그를 추종하는 자들을 위해 종의 역할을 감내한다. 요한복음 사가의 강조점은 빌립보서 2장에 나오는 그리스도 찬가의 내용과 놀라울 만큼 유사하다: '그리스도의 마음'은 겸손한 섬김에 초점이 맞추어져 있다. 이러한 정신이 십자가의 사명을 받아들이게 한 것이다.

이 섬김은 사랑에 뿌리내려 있으며, 또한 사랑의 표현이기도 하다. 그리고 사랑은 예수가 십자가의 의미에 대하여 말할 때 전하는 바로 그 내용이다. 이 말씀들은 두 개의 형태로 나타나, 서로 다른 음역에서 들을 수 있는 청중을 향한다. 첫 번째 말씀은 명령으로 나타난다. 바로 요한복음 13:34의 소위 "새 계명", 즉 그가 사랑한 것처럼 사랑하라는 명령이다. 이 "계명"은 레위기 19:18의 성결 법전(holiness code)을 반향하지만, 예수가 요구하는 사랑이 자신의 행동으로 예시되며, 구현되지 않은 규정이 아니라는 점에서 '새로운' 것이다.

예수가 말하는 두 번째 해석적인 말씀은 요한복음 15:13에 있는 격언이다. 이것은 고대 그리스-로마 윤리학자들의 저작에서 풍부하게 등장하는 격언인데, 사람이 자신의 친구를 위해 생명을 바치는 것보다 더 큰 사랑은 없다는 것이다. 이러한 행동과 말씀은 십자가를 해석한다. 십자가에서 궁극적으로 입증된 것은 종의 완전히 자신을 내어주는 사랑이다. 이 사랑이 복음서의 청중들이 그 속의 말씀들을 통해 초점 맞추어진 시각과 함께 보게끔 의도된 것이다. 그리고 이 시각을 갖게 됨으로써, 독자는 하나님의 바로 그 존재, 곧 "스스로 있는 자"이신 분을 볼 수 있게 된다. 요한1서는 그리스도의 육체적 죽음의 본질, 죄의 용서에 대한 필요, 그리고 제자도의 필요요건에 대한 논쟁들로 얽혀있는 책이다. 요한1서의 저자는 이러한 견지에서 하나님을 사랑과 동일시하는 유명한 주장을 했다(요1 4:16). 장로 요한은 의심할 여지없이 복음서의 드라마적인 시각을 반영하고 있다.

요한복음이 만들어내고자 애쓰는 신학적 요점은 드라마를 통해 드러나며, 이는 지난 2천 년에 걸쳐 많은 그리스도인들에게 영감을 주었다. 하지만 많은 좋은 드라마들이 그러하듯이, 제4복음서는 많은 질문에 답하지 않고 그대로 남겨둔다. 사랑이 궁극적 힘이라는 원리에 자신을 헌신하는 것은 한 인간을 봉사하는 삶으로 이끌 수 있다. 그러나 그것은 또한 사람을 놀라움으로 이끌 수도 있다. 왜 사랑이 이런 방식으로 자기 자신을 드러내야만 했는가? 이러한 시각을 가지는 것의 구체적이고 실천적인 결과들은 무엇인가? 이런 질문과 다른 유사한 질문들에 답하기 위해서 마르케트대학교와 내가 속한 예일대학교 신학대학원 같은 기관들이 존재한다. 이러한 질문들에 답하려는 우리의 노력에 하나님께서 복을 내려주시기를 빈다. 또한 이러한 질문들을 제기하게끔 만든, 이 위대한 드라마 본문에 대한 우리의 읽기 작업에도 하나님께서 복을 내려주시기를 빈다.